あの人 この人
思い出の記

塩澤実信

展望社

はじめに

学はもとより、才もない身で編集者を志したのは、子供のころより読書好きで、出版の世界にあこがれていたからだった。

信州は飯田のわが家には、六歳と四歳年うえの兄がいて、二人が読み終えた『少年倶楽部』を、耽読していたことから、田河水泡の「のらくろ」、島田啓三の「冒険ダン吉」、あるいは佐藤紅緑の「あゝ玉杯に花うけて」、山中峯太郎の「敵中横断三百里」、高垣眸の「怪傑黒頭巾」、南洋一郎の「吼える密林」「緑の無人島」、江戸川乱歩の「怪人二十面相」などを、熱読していた。

昭和の戦前に『少年倶楽部』を通読していた家庭は、南信州くんだりの村にはめずらしかった。

『少年倶楽部』には、毎号、実に見事な付録がついていた。新年号に至っては十種に余る豪華付録がついていて、辺鄙《へんぴ》な山国育ちの少年にとって、趣向に富んだ付録の数々は、好奇心を満足させる最高の贈りものであった。私はこの付録によって、どれだけの啓蒙《けいもう》、啓発、教化を受けたことか。

私の読書癖は年とともに強まるが、その一方、身の程も考えず生涯に一冊の著書を持ちたいとの白昼夢を抱くようになっていった。そして、その前段階の高校時代、高校新聞を創刊し、編集長を買って出て雑文を書きはじめていた。

それればかりか、就職する段になって、出版社に狙いを定めていた。その心は、著書を持つためには、出版社に入社することが早道だろうの計略だった。

幸運にも、私の村の出身者にジャーナリズムの世界で、大活躍をしている人物が二人いた。

東京タイムズ社社長の岡村二一氏と、娯楽読物雑誌『ロマンス』発行元のロマンス社社長熊谷寛氏であった。

戦後いち早く創刊された『ロマンス』は、甘美な誌名に叶《かな》った情調的な小説、娯楽読物を掲載して、たちまち出版界を制圧。『婦人世界』『少年世界』『トルーストーリィ』『フォトプレイ』などを創刊し、昭和二十年代前期には往年の講談社の顔色を失わしめる活躍を見せていた。

私は伝手《つて》を頼って遮二無二、ロマンス社への入社を試み、その名の通りに寛大な熊谷寛社長に拾っていただいて、なんとか願いを果たすことができた。

だが、私がアルバイトに拾われた頃、ロマンス社は社長の熊谷派と副社長の桜庭派に分裂して、訌争の真っ最中だった。当然、業績には陰りが出て、最盛期には発行部数八十八万部を豪語した『婦人世界』、八十三万部だった『ロマンス』の発行部数が激減しはじめていた。

看板雑誌の凋落に加え、訌争によって、戦後出版界の覇者ロマンス社の倒産は、昭和二十五年初夏にやってきた。

そして、編集の青二才など、見るも無惨に打ち捨てられ、路頭にさ迷うことになった。それからの数年間は編集ジプシーで、双葉社に迎えられて、やがて週刊誌編集長に就くまでは、叩き大工風情の編集流れ者であった。

しかし、その漂泊時代に、人の心の温かさ非情さを克明に体験することができ、私の後半の人生に計り難い人生哲学を学ぶことができたの思いがある。

おかげで双葉社に入社してからは生活も安定し、特に在社の後半の十年は同社の看板週刊誌の編集長を勤め、ジャーナリストの特権として取材や座談会あるいは連載物の依頼などでたくさんの著名人と知り合うことができた。

そして、双葉社退社後は、まがりなりにも執筆者のはしくれとして百余冊の拙著を刊行、それらの人々の思い出を書き続けて来た。

特に郷里・飯田で発行されている「南信州新聞」には、双葉社在社中から東京の電話番号の局番「03」から「03通信」の囲みを設けてもらい、東京で拾った手頃の話題を連載することにした。

社長の関谷邦彦氏が、私より数歳若いが、世代がほぼ同じであったことから企画は受け入れられ、以来、半世紀を越える連綿たる連載になり今日に及んでいる。

このたび畏友、展望社の唐澤社長のご好意により、南信州新聞に連載したものを中心に過去の拙著からのものも加え、十九篇として『あの人この人思い出の記』としてまとめていただくことになった。

思いがけない私の卒寿の春を祝う出版となり、喜びは大きい。

この機会にあらためて非才をこれまで育てて下さった多くの方々に、衷心より感謝を申しあげたい。

令和三年晩春

塩澤実信

あの人　この人　思い出の記●目次

★初出紙、初出書は、各章の末尾に掲載しました。
★年号、月日、肩書きなど発表時のままです。
★文中、敬称は略させていただきました。

あの人 この人 思い出の記

昭和の大女優　高峰秀子
―筐底から発掘した資料をめぐって―

秀子自身の「死亡記事」

昭和を代表した大女優・高峰秀子が、（平成二十年）年末の二十八日、八十六歳でひっそりと逝った。自らの想定した死亡と、ほぼ同じ経過を辿った。

死に先だった八年前の平成十二年、文藝春秋が企画したブラック・ユーモア的出版『私の死亡記事』の求めに応じ寄稿した、次のような一文だった。

女優・高峰秀子さんが三ケ月ほど前に死去していたことが判明した。

生前「葬式は無用、戒名も不要。人知れずひっそりと逝きたい」と言っていた。その想

いを見事に実践したようだ。（中略）

昭和五十四年にスクリーンを退いたが、その死に至るまで多くのファンの親切と厚意に支えられ、高峰節といわれた達意の文章で随筆集を重ねてファンに応えた。『死んでたまるか』という文章も書いたが、相手が天寿では以って瞑すべし、しあわせな晩年であった。

晩年は幸福だったが、この大女優の生涯を調べると、三十歳で結婚するまでの道のりは苛酷だった。四歳で生母を喪い、叔母の養女になったことから、岨道《そばみち》を歩くめぐり合わせになった。

昭和四年、撮影所見学に行ってスカウトされ、天才子役の高い人気を得たが、養い親がステージ・ママの走りだったため、小学校にさえ通わせてもらえず、仕事に追いたてられた。幼い彼女の稼ぎは、実の父、数人の兄弟、養い親ら十人以上の親族に毟《むし》り取られ、松山善三と結婚するまで、莫大なギャラは、秀子のフトコロに入らなかった。

彼女は『わたしの渡世日記』に、その現況をありのままに綴っている。

「私は、物心もつかぬ五歳のころから今日まで、いわゆる世間並みの生活をした経験がなかった。（中略）名子役とかスターとかいう虚名を追いかけて、ただ息せき切って走って来ただけである。

親兄弟の愛情はすべて金を媒体として取引され、財布はスッカラカン…」

財布は空っぽでも、バスや電車に乗ったことはなかった。スターという虚名の手前、乗ることを許されなかったのだ。

こんな偏頗《へんぱ》な半生の秀子が、人生の師として最高に尊敬し、頼りにしたのは、第一回直木賞授賞作家の川口松太郎だった。好エッセイ『人情話　松太郎』をひもとくと、次の通りに書かれている。


私は、五歳にもならぬ子供のころから映画界の人込みの中で育ったから、人を見る目だけは相当なすれっからしである。自分の目でシカと見た人の他は信用しない。女優という職業柄、いわゆるお偉いさんや有名人にはずいぶん会ったけれど、川口先生のように自分に正直で気っ風がよく、そのくせホロホロと涙もろいという、まるで「江戸っ子」を絵に描いたようなお方は、あとにもさきにもただ一人である。

川口松太郎の恩情

高峰秀子は、昭和三十年の春、当時松竹の名監督木下恵介の演出助手だった松山善三と結婚する。

女にとって「結婚」は一大事業である。いささかのぼせ気味になっている自分一人の判断ではこころもとない。といって相談するにも私の周りには、あまり頼り甲斐のない養母が一人いるだけである。そのときも私は、この結婚は、なにがなんでも川口先生に彼を見てもらった上で決めよう、と思った。川口先生の「人を見る目」を、それほど信じていた、ということだった。

秀子が未来の夫候補を川口松太郎に見せたところ「おまえ、あの男はまるでおまえの亭主になるために生まれてきたみたいな奴じゃねぇか」とべらんめえ口調で言われ、彼女は即座に結婚の決意をかためたのだった。

が、高峰秀子の〝秀子〟たる所以《ゆえん》は、その後にあった。

私は間髪を入れずに川口先生に仲人をお願いし、ついでに借金の申し込みをした。川口先生もまた、私のあまりの図々しさに度肝をぬかれたせいか、お金を貸してくださり、ついてムコさんのモーニングまで作ってくださった。

因みに、高峰秀子の当時のギャラは、映画一本で百万円だった。それに較べ松山善三の月給は、一万二千五百円の薄給。

信じ難いことだが、大女優の全財産はその時財布の中に六万五千円ポッキリだったという。人並みに式を挙げ、披露宴をしたら、どう内輪に見積もっても六万五千円ではおぼつかない。そこで、仲人の川口松太郎へ借金を申し込む次第となった。

高峰秀子の著書。

高峰秀子、松山善三の結婚式。

川口から、秀子は二十万円借り、松山が松竹映画から二十万円借金して、四十六万円で結婚費用の一切合財をまかなうことにしたのだった。

松太郎の恩師　菊池寛

私の筐底《きょうてい》には、高峰秀子の挙式の写真と、秀子も入会していた絵画のチャーチル会のメンバー、石川達三、宮田重雄、藤山愛一郎らと撮った貴重なスナップ。私が司会をつとめた三木武夫総理と秀子の対談の写真などが秘蔵されている。

秀子が述べている「女優という職業柄、いわゆるお偉いさんや有名人にはずいぶん会った…」のタグイの写真の数々である。

これらの写真と共に、川口松太郎が師と仰いだ菊池寛を追憶した死去一年前のセピア色の新聞の切り抜きも発見された。

拙著『雑誌記者　池島信平』（文藝春秋刊）から、かなりの抜粋引用されていたことから保存していたものと思われる。それを読むと、菊池寛が秀子の結婚する年代まで健在だったら、仲人役は文壇の大御所と畏敬され、菊池になる可能性があるやの想いになった。

その根拠は、川口の師の追憶に秘められている。眼光紙背に徹した人生の達人・川口松太郎の心を動かした拙著の部分は、読売新聞昭和六十年一月十一日付の文芸欄に「情熱で接する――文学の上ではみ出した人格」のタイトルで載った、次の箇所である。

三木武夫総理と対談する高峰秀子。（左端は司会役の著者）

川口松太郎

縁のあった女性には別れたあとでも情をつくして面倒を見ていた。三代目の社長池島信平の伝記を書いた塩沢実信君もその中で、佐藤碧子の事をこう書いている。

碧子の良人石井英之助が急性盲腸で入院した時、師は病院を見舞っている。

「碧子が化粧気のない普段着のままで、下りて行くと、外来受付のベンチに、まるまっちい背に、大きな頭をのっけた男性が、せわしなく煙草をふかして座っていた。一目で菊池寛と判った碧子は、唖になったように無言で頭を下げた。菊池も無言だった。が眼鏡の奥の小さな眼にはなつかしさと、いたわりの情がいっぱいあふれていた。

『英ちゃんどう』菊池はあの聞きなれたカン高い声で石井の容態を尋ねた。（中略）右手をポケットにつっ込んで何枚かの紙札を無雑作につかみ出した。そして碧子の割烹着のポケットにつっ込んだ。（以下略）」

読みながら涙が出た。いつに変わらない師の愛情だ。苦労している人を見ると黙っていられない人だった。


川口松太郎は、この欄の後半でさらに次の通りに書いている。

芥川龍之介の死んだ時、その枕元で泣いた師の姿も忘れ難く、直木三十五の死んだ時には、東大の病院で声をあげて号泣された。

芥川賞も直木賞も、あの涙の中から生まれたような気がする。

その偉大なる師も、昭和二十三年の三月、たった六十一歳で世を去られてしまった。その最期について、塩沢氏の『雑誌記者池島信平』(文藝春秋刊)からもう一度抜粋させて頂く。

「菊池は、その日の数日前から胃腸を悪くして寝込んでいたが、治って内々で全快祝をしている最中であった。当夜虫の知らせがあったのか、信平は招かれなかったのに、見舞がてら訪ねて行った。玄関を開けると菊池は只一人、広間でダンスのステップをふんでいた。信平の来訪に気づくと相好を崩して『キミ来たの、みんな茶の間で飲んでいるから飲んで行けよ』と言って口で調子をとりながらターンを繰り返していた。快くなったのが嬉しくてたまらないといった表情だった。信平は菊池のその姿を見て、なんとも清々とした気持ちで茶の間へ行き、当時では佳肴といえる出張寿司の接待にあずかっていた。と、二階で、夫人が長男英樹を呼ぶ声が聞こえ、ただならぬ気配が伝わって来た。急いで菊池の寝室へ駆けつけて見ると、菊池は寝台の横にうずくまり、両腕を夫人の肩にかけてコト切れていた。心臓発作が起きて十分くらいの間のできごとであった。」

実に呆気なく巨木の倒れるような最期だった。その時からかぞえて三十数年、私は師より二十五歳も年上になってしまったが、先生が私より年下であるとはどうしても思えない。師は永久に年長であり、先生であり、失敗があれば今でもきびしくしかられるような気がする。

川口松太郎の師・菊池寛への敬愛の念は、この簡潔な文でも充分、汲みとれるだろう。菊池の晩年は、GHQのパージで創業した文藝春秋を離れ、大映社長として映画界に隠然たる存在で、川口松太郎は大映の役員だった。

その立場から推測して、高峰秀子が結婚した昭和三十年春—菊池寛の年齢で六十八歳まで健在だったら、媒酌人は…の想いがある。

（南信州新聞・平成23年1月18日）

焼け跡に響くメロディーを みんなで口ずさんだあの日（ペギー葉山×塩澤実信）

歌でアメリカを征服した

塩澤　今日は敗戦後、日本人の心を支え励まし続けてきた歌謡曲の変遷について振り返ってみようと思います。

終戦間際の昭和十八年に、敵性音楽が一〇〇〇曲ほど発禁になり、レコードなどが割られました。ジャズやブルースは聴いてはいけなくなった。

横文字も使えなくなりました。レコードは音盤と呼ばれ、キングは富士音盤、コロムビアがニッチクというように会社名も変わった。ディック・ミネが三根耕一、ミス・コロムビアが松原操という名前になりました。その頃、軍国主義一辺倒の空気が濃くなったのです。

ペギー　本当に暗い時代です。童謡も歌詞が変えられ「兵隊さんよ　ありがとう」のようなものばかりでした。

塩澤　そんな状況下で、ラジオから流れた「ハイケンスのセレナーデ」という曲をペギーさんは覚えていらっしゃいますか。

ペギー　ええ。同盟国だったドイツで愛されていた曲ですね。ラジオ番組「前線へ送る夕《ゆうべ》」のテーマ曲です。

塩澤　軍国歌謡ばかりでしたから、そんな短い曲が数少ない慰めでした。

昭和二十年、敗戦を迎えますが、レコードもない、ラジオからだってすぐには何も流れてこない。秋口に「リンゴの唄」が出てきて、三、四年後には「ボタンとリボン」など、アメリカの曲がすごい勢いで入ってきました。

ペギー　ラジオのダイヤルを回すとNHKの第一放送・第二放送のほかに、WVTRという米軍専門の放送局が聴けました。そこから流れてきたジャズが沁みこむようでしたね。外に出れば周りは全部焼け野原です。私の通っていた青山学院も、チャペルが爆破され焼夷弾が落ちて、礼拝堂が鉄骨しか残っていなくて。そこでお祈りしたり、池の周りにみんなで集まって先生と賛美歌を歌ったり、聖書を読んだりした時代です。

塩澤　ペギーさんは戦後の米軍基地で歌ったことが、歌手の道に進まれる始まりだったそうですが、おいくつのときですか。

撮影／薈田純一

ペギー葉山（1933-2017）
日本を代表する歌手。「南国土佐を後にして」などヒット曲多数。

対談時の著者。

ペギー　まだ高校生です。当時学生バンドを組んでいる友達のお兄様に誘われたのがきっかけです。男子だけのハワイアンバンドだったのですが、女の子も一人入ったほうが米兵に受けるから一緒に歌ってと頼まれました。

塩澤　さぞ受けたでしょう。

ペギー　ええ。コンビシューズに白いソックスを穿いて、リボンを頭につけて。色気も素っ気もないのに、歌うと喜ばれました。

昨日までの敵国の兵隊が喜んで手をたたいて乗ってくれるんです。ああ、国は負けたけど、私は歌でアメリカを征服したなって、その時は思いましたわ。(笑)

塩澤　あっちの人はフランクですしね。進駐軍と一口に言っても田舎からきた人もいます。来日によってクラブを初めて経験する兵隊も大勢いたんですよ。

ペギー　おとなしく音楽を聴く状態にない兵隊さんもいました。EMクラブなどは粗野な若い兵隊ばかり。歌っているとあっちの方で殴り合いが始まっている。そうするとバンドがタラララ〜ッて明るい歌を演奏して喧嘩をやめさせようとしたり。クラブによって待遇や雰囲気がまるで違います。

塩澤　彼らの食べているものにびっくりなさったでしょう。

ペギー　そうです。刺青のひげもじゃ軍曹が台所を司っていて、彼のリクエスト曲を歌うとお土産をくれるんです。それが油紙に包まれたフライドチキン。家に帰って母とむしりながら、戦勝国はこんなにおいしいものを食べているのねって感心しました。

塩澤　日本人の食生活はみんな配給で米が手に入らず、大根ですら半分しか買えなかった。その頃英語の歌をどうやって覚えたのですか。

ペギー　とにかくラジオでジャズを聴いて、譜面はお友達に借りて手書きで写して。歌詞は大学ノートに書いた。クラスメイトに帰国子女がいたので、彼女に英語の歌をいっぱい教わりました。譜面がないものは彼女が歌ってくれたのを耳で覚えて。楽しかったです。

塩澤　覚えた歌を基地で歌うのですね。

ペギー　夕方になると東京、新橋、品川、新宿、四つの駅の前にトラックが着きます。オーケストラやバンドマン、兵隊さんの相手をする女性……。みんな一緒に乗って立川、横田、厚木、横浜などの基地に向かいました。ゲートが開いて、普段、日本人が入れないエリアに入り、ショーをやって帰る。一緒に乗ったお姉さんたちはどこへ行っちゃうの？　なんて、当時女学生だった私は言ってしまって。何も知らないのねって怒られたりしました。私は翌日学校がありますから、往復のトラックの中で試験勉強をしていたこともあります。

塩澤　ペギーさんの通われた青山学院は、ほかの学校よりリベラルだったんでしょう。

ペギー　アメリカの宣教師の先生もいらして、英語の学習は普通の学校より多かったですね。歌っていることは先生には内緒にしていたんですけれど、ある日ばれてしまって、親が呼び出されました。ミッションスクールは土日お休みですから、平日まじめに通えば土日はいいことにしてもらい、歌い続けました。最後には先生に、あなたはＮＨＫにも出てるようだけど、青山学院の名前を汚さないようにがんばってくださいと言われて、卒業証書をいただけました。

塩澤　その頃、流行っていた曲と言えば、服部良一さんが作った「東京ブギウギ」。

ペギー　この歌を聴いたとき、平和になってこんなに明るい歌ができたんだって、感動しましたね。もちろん、古賀政男先生や万城目正先生のようにいい作曲家はいらしたんですけど。服部先生のお歌はほんと洋楽みたいに快活で、みんな歌いましたもの。

塩澤　戦前、古賀さんが「酒は涙か溜息か」で大ヒットを飛ばしていた頃に、服部さんは「雨のブルース」を作っています。今聴いてもぜんぜん古びていない。服部さんは戦時中から新しいものを取り入れていた。

ペギー　「銀座カンカン娘」も当時アメリカの進駐軍の兵隊さんがみんなで歌ってました。私がショーで舞台に立つと「カンカンムスメ、sing!」なんて言われるんですよ。当時私は知らないですから、「ノー」って答えるんですが、一緒にキャンプを回ってた江利チエミさんなんかは「東京ブギウギ」や「カンカン娘」も歌っていました。

塩澤　古賀さんの歌は、「ファ」と「シ」がない日本固有の音階である「ヨナ抜き」の短調の曲が多く、ゆったりテンポ。もちろん、それはそれで味わい深いのですが、かたや服部さんはジャズのイディオムを用いて作曲されたからリズミカルですよね。

ペギー　日本の歌なのに、米軍の兵隊さんに受ける歌があったんだってびっくりしました。

淡谷のり子が特攻隊に聴かせたブルース

塩澤　卒業されて渡辺弘さんのスターダスターズに入られたのですね。

ペギー　はい。そのバンドの専属シンガーとしては石井好子さん、ナンシー梅木さんに続き、私は三代目です。GHQの高官が宿泊していた新橋の第一ホテルがメッカでした。

塩澤　新橋駅の界隈では第一ホテルだけが建っていて、周りはまだ焼け野原。そんなところでお歌いになったとはすごいですね。

やがて東京中にナイトクラブやキャバレーができ、アメリカのスター歌手が来日するようになります。

ペギー　赤坂の「ニューラテンクォーター」や「月世界」、銀座の「クラウン」……。もう一つも残っていませんが。

塩澤　僕らはペギーさんのことを〝和製ドリス・デイ〟って呼んでましたよ。

ペギー　私がNHKの「ドリス・デイ・ショー」の吹き替えをしていたからでしょうか。なんとなくタイプが似ていると言われました。彼女はとても早口なんですよ。

塩澤　「ケ・セラ・セラ」もペギーさんが見事にお歌いになりましたよね。

ドリス・デイのほかにもう一人。僕の記憶では昭和二十八年頃だったと思いますが、ペギーさんは僕の取材に答えて、淡谷のり子先生のようになりたいっておっしゃったことがありましたよね。

ペギー　そうです。淡谷先生から学ぶことがいっぱいあったの。例えば「プロの歌い手は玄関を一歩出たときからプロです。いつもきちっとした格好をしていきなさい。お稽古であってもきちんとした身なりですること」。そうおっしゃるんです。あの方はいつもおしゃれで、きれいにマニキュアをして。

塩澤　糸のように細い眼に、長いまつげをちゃんと付けていましたね。(笑)

ペギー　今の歌手の中にはときおり寝起きみたいな格好してリハーサルに来る子がいるの。だから私が注意するのです。本番が良ければいいんじゃないのよ、と。

塩澤　ペギーさんが淡谷さんを尊敬していることをご本人に伝えたことがあるんですよ。そしたら喜んで「そおぉ。あの子いい子よ」っておっしゃっていましたよ。

ペギー　(笑)ざっくばらんに「あんた下手ね」なんて怖いこともおっしゃいますけどね。

塩澤　気に入らない歌手には、楽譜が読めない歌屋だとか「カス」だとか平気で言った。美空ひばりさんもお好きではなかった。

ペギー　淡谷先生ご自身が演歌はあまりお好きでなくて、シャンソンがお好きだったから。ブルースを歌われる前はシャンソン歌手になりたかったそうです。

塩澤　きびしい方だったけれど、しっかりした歌い手はみんな淡谷さんに一目おいていましたね。

ペギー　先生が戦中に慰問にいらして、「別れのブルース」を歌われた話は語り草です。ブルースは当時禁止されていたのに、そこにいた兵隊たちはみんな特攻隊で死んでいくしかなかったからリクエストが許可された。戦時中にそんなふうに歌っていらした大先輩がいっぱいいるんです。先輩方のいろんな話から、歌の大切さを教わりました。

塩澤　淡谷さんのえらいところは、戦時中も戦後も変わらない姿勢ですよね。戦時中も派手なドレスを着てらした。

ペギーさんがデビューした頃は淡谷さんは四十代半ばですけど、貫禄がありましたよね。

ペギー　演歌の歌手が一緒に出ているショーでも淡谷先生やディック・ミネさんなんかはモダンな歌を歌ってらして。ご自分の歌の世界に引き込む力をお持ちの点でも尊敬しておりました。淡谷先生が声が出なくなったということを聞いたことがないんです。いつもきれいな声で高い音も響かせていらした。

塩澤　高音部分はファルセット、つまり裏声ですよね。淡谷さんはソプラノでしたが、晩年になってからファルセットに切り替えていたんですか。

ペギー　いいえ。地声からファルセットを実に見事に切り替えて歌っていらした。音楽学校で学ばれてこその確かな歌唱法だったのだと思います。

塩澤　一〇年に一人のソプラノと言われた歌い手でしたね。八十代まで衰えなくあの声で歌っておられました。

日本の歌謡界において淡谷先生は別格と言えます。ディック・ミネさんなんて、淡谷さんが歌手にしたんでしょ。だからミネさんも淡谷さんを最後まで尊敬していました。そのモダンなディック・ミネさんに歌謡曲を歌わせたのが古賀政男さん。昭和十二年の「人生の並木路」という名曲ですね。

ペギー　「上海の花売り娘」を歌っていた岡晴夫さんも明るい方でした。岡さんの「憧れのハワイ航路」が当時はやりました。ハワイなんて夢の場所だったから、歌からみんな夢をふくらませて豊かな気持ちになったものです。

あの頃、菊池章子さんとか渡辺はま子さんとか、演歌の方もみんな音楽学校を出てました。渡辺さんは「桑港《サンフランシスコ》のチャイナ街《タウン》」とか、たかーい声で歌ってましたよね。ベテランの先生が大勢いらした中で、昭和二十九年に初めて「紅白歌合戦」に出てジャズを歌ったんですが、それは緊張しましたよ。

あの時代の先輩の話を知っているのは私だけになって本当にさびしいです。

九十五歳の元兵士が歌う「南国土佐を後にして」

塩澤　昭和二十年代の後半になると民放ができて、テレビの時代が始まる。民放ができたことによって活躍の舞台が広がりました。テレビの出現によって歌は聴かせるだけじゃなく、見せるようになってきました。

ペギー　テレビによって歌い手の文化ががらりと変わりました。衣装、お化粧。なにせ顔が見えますから。

塩澤　東海林太郎さんなんてテレビ時代になっても直立不動で歌っていたでしょう。

モーニングに身を固めて。

ペギー　男の人が緑色とかスパンコールの背広を着て踊るなんて考えられませんでした。

でもテレビが始まる前から笠置シヅ子さんはもう踊って歌って。あの方の世界は他の人は真似できなかったでしょう。

塩澤　楽屋で見ると小さいのに、舞台に出ると大きく見えましたねえ。

テレビの時代になった頃が新旧の歌手の入れ替えの時期だったと僕は思います。ペギーさんやフランク永井さん、三波春夫さんたちが出てきて、東海林さんや松原操さんたちが引退した。

「ＮＨＫのど自慢」の放送も始まりました。素人が参加し、そこから歌手になろうとする人もたくさん出てきます。みんなが歌うからあの頃は歌がよく売れた。

当時は三〇万枚売れたと言えば驚愕でした。ヒット曲と呼ばれるものは全国的にみんなが歌えましたね。その中にはペギーさんの「南国土佐を後にして」も入るわけですが。記録的な大ヒットだったですね。

ペギー　そうですね。ジャズを歌っていた私に急にお話がきたのは昭和三十三年、当時の皇太子さまと正田美智子さんのご婚約の頃です。二週間後にＮＨＫ高知放送局がテレビ放送を開始するのでそこでどうしても歌ってくれと言われました。

塩澤　まさか大ヒットするとは思っていなかった。（笑）

ペギー　そうなんです。予想外でした。
塩澤「南国土佐……」が大ヒットした理由はその意外性にあると思います。民謡歌手が歌ったら変哲もない。ジャズシンガーのペギーさんが民謡特有のテクニックなどつけずに、さらっと歌ったというのが新しかったんですよ。
ペギー　無愛想に歌ってしまって。もうこれで終わりだからいいやって思ったのです。
塩澤　編曲はどなたですか？
ペギー　川上義彦さんです。スターダスターズのトランペット奏者だった。
塩澤　あの人の編曲だったんですか。編曲も歌の印象に影響を与えますよね。
ペギー　でも、アレンジしてもやっぱり民謡演歌ですよ。もともとは、日中戦争のときに兵隊さんが露営をしながら誰ともなしに歌ったふるさとを思う歌です。
　一昨年高知のはりまや橋に歌碑が建ちまして、九十五歳を過ぎた元兵隊さんが五人出席してくださいました。一緒に「南国土佐……」を歌いましたが、ぴりっとしていてそれはお元気でした。
塩澤　戦争末期の兵隊ソングと言われたものですね。「異国の丘」も当初はそう思われていた。それが戦後、吉田正さんが作曲したと証明されましたが。誰からともなく戦地で口ずさまれた曲は誰が作ったかはわからなくなりますよね。歌っているうちに歌詞が一部変わったりすることもありました。
　その「南国土佐……」を歌いにアメリカにも行かれたそうですね。

ペギー　昭和三十五年の日米修好通商百年祭のイベントで歌うためロサンジェルスに一人で参りました。その帰途にあこがれのニューヨークに寄って、軒並み上演中のミュージカルを可能な限り観ました。そこで『サウンド・オブ・ミュージック』の「ドレミのうた」に出会って、これは絶対日本語で私が作って帰ろうと思ったのです。「ドはドーナツのド」。戦争中に食べたかったドーナツをアメリカの兵隊さんからもらったとき、「わー、ドーナツだ」って言って母と二人で神棚にあげてからいただいた思い出が元になっています。

塩澤　あれは名意訳です。ドレミは戦時中は使えず、代わりに「はにほへといろは」と言わされた。「ドレミのうた」は教科書にも載りましたし、今でもみんなが歌える明るい歌ですね。

ペギー　リチャード・ロジャースのメロディーが覚えやすくていいですからね。

塩澤　ペギーさんの歌で「学生時代」も好きな歌ですが、これは平岡精二さんがお作りになった。

ペギー　平岡さんは青山学院の二級先輩です。

塩澤　小説に私小説というジャンルがあるように、この歌はペギーさんの私ソングというふうにも僕には思えます。タイトルははじめ「大学時代」だったとか。

ペギー　はい。「大学時代」だとちょっとかたいでしょ。それに当時は大学にみんな進学する時代ではありません。「学生時代」にすると女学生、中学生、高校生も入るからそのほうがいいと、私が最後まで言い張ったのです。

塩澤　まさにそれで聴く層の裾野が広がったと思いますよ。これが「大学時代」だったら歌わないですよ。

ペギー　平岡さんはプンとしてましたけどね。「じゃあ、いいよ、ペギーが言うようにしなさい」と折れてくれました。

塩澤　それから「つめ」もお歌いになってます。

ペギー　「つめ」は「あいつ」とカップリングで返し歌なのです。今でも私の大事なレパートリーです。

並木路子も戦災孤児だった

塩澤　昭和二十年代と三十年代の好きな歌を五曲ずつ選んでみました。（末尾参照）

ペギー　私は旋律が美しいもの、詞の内容が豊かであるものを意識して選びました。

塩澤　僕も原則としてそうですけれども、なぜ「星の流れに」を選んだかというと、「歌は世につれ」って言いますよね。その意味においてこれはいかにも敗戦後を表した歌だからです。この歌ができるわずか三、四年前に菊池章子さんは「湖畔の乙女」を歌っています。

落ち葉ちるちる山あいの
青い静かな湖恋し
星かすみれか

真珠の玉か……

（作詞・西條八十　作曲・早乙女光）

ＧＨＱの管理下にあったとは言え、戦時中は使いにくかった「愛」や「恋」という言葉を使い曲を作れるようになって生まれたのがこの悲しい曲だった……。

ペギー　時代背景がよくわかりますね。

塩澤　ペギーさんはおそらく時代背景がわかる歌として「リンゴの唄」をお選びになったのでしょう。

ペギー　はい。焼け跡の中から並木さんの「リンゴの唄」で、みんな元気になりました。

塩澤　戦いに負けたあと、あの歌が聞こえてきてホッとしたものです。

ペギー　でもこの歌を歌わされた並木さんはご家族をみんな戦争で亡くされて。初めて歌を吹き込んだとき、万城目先生に「なんだ、そんな暗い歌い方して。これは国民を明るくしなきゃいけない歌なんだ」って怒られたそうです。並木さんは苦しみや悲しみを乗り越えてこの歌を歌われた。そんなドラマもあります。

「青い山脈」をあげたのは、池部良さんと杉葉子さんの映画が楽しくて。映画が終わったときは全部歌を覚えていて、歌いながら映画館を出た記憶があります。

塩澤　「青い山脈」の人気は不動ですね。

それから「雪の降る町を」。中田喜直さんがすばらしい曲を作りました。これは途中で転調して歌に深みがぐっと増しますね。

僕とペギーさんの両方が選んだ「長崎の鐘」もそうです。「なぐさめ　はげまし」のところでマイナーからメジャーにわーっと変わる。

ペギー　「長崎の鐘」は二つのバージョンがあります。原作者の永井隆医学博士の「新しき朝の光のさしそむる　荒野にひびけ長崎の鐘」という歌詞が入っています。

塩澤　その部分を藤山一郎さんが作曲した。永井博士が存命中、藤山さんは彼の住んでいたわずか二畳の如己堂《にょこどう》で一家三人のために、アコーディオン伴奏で歌った。そしたら大変に感激されて、短歌を送ってこられたと聞きます。博士は昭和二十六年に亡くなりました。

ペギー　私の祖父も広島の原爆で亡くなりましたから、平和への祈りの意味もこめて「長崎の鐘」を選びました。「見上げてごらん夜の星を」は、ミュージカルの曲です。大阪労音制作で坂本九ちゃんが主演でした。彼の演技が初々しくてすてきで。「上を向いて歩こう」もそうですが、九ちゃんの歌は「上」が多いですね。みんなで一緒に歌う場面ではこの曲が定番です。

塩澤　「見上げて……」も「夜明けのうた」もいずみたくさんの作曲ですね。

ペギー　いずみさんもずっと心に残る旋律を作る方でした。

塩澤　昔の曲はどれもメロディーがきれいですね。

ペギー　ひばりさんが歌った「川の流れのように」や小椋佳さんの「愛燦燦」「シクラメンのかほり」が頂点でしょうか。それ以後、この歌はずっと歌い続けたいと思わせるものが出ていませんね。若い人たちは今の流行歌をずっと歌い継いでいくつもりでしょうか。

塩澤　そうですねえ。昨今の歌はサウンドだけというか。電子楽器の影響なのでしょうか……。歌詞ができ、いいメロディーが付き、それにハーモニーやリズムを付けていく。今はそういう形で歌が生まれていない気がします。

ペギー　歌詞となる言葉に深みがないですね。

塩澤　心に残らないものが多いですね。売らなくてはならないから商業性も必要ですが、同時に一種の芸術性、音楽性は欠かせません。残る歌の条件があるとすれば、きれいなメロディーがあり、そこに美しいハーモニー、リズムが付いている曲だと思いますが、その前にいい歌詞がないといけない。

こんなことを言う僕らが古いということではないと思いますね。

ペギー　やっぱり豊かじゃなかった時代にいいメロディーが生まれたんだなって思います。今はこんなに豊かなのにいいメロディーがないじゃない？

塩澤　それと昭和三十年代までは「紅白」などを一家全員がテレビの前に釘付けになって楽しんでいました。年齢にかかわらず同じ歌を共有していたんですよ。それがだんだん一家がテレビ三台とかになって世代別に分層化してしまった。

今はどんなに大ヒット曲が出ても、すべての世代で歌えるというものがないし、それもすぐ消えてしまいます。

ペギー　高齢化社会と言われながら、その人たちがテレビの前で一緒に歌える音楽番組も少なくなりましたね。

塩澤　戦後から歌われてきた歌手として、ペギーさんが今思われることはなんですか。

ペギー　もともとはオペラを目指していたのですが、進駐軍のおかげでビング・クロスビーやフランク・シナトラを知ったことに始まり、様々な歌を歌って参りました。歌っている私自身も、聴いてくださる方も、歌の力で元気になります。新しい歌ではありませんが、先ほどあげたような永遠の歌を、これからも歌っていきたいと思います。

ペギー葉山・塩澤実信が選んだ戦後の歌謡曲ベスト5

★ペギー葉山ベスト5

リンゴの唄（昭和21年）唄・並木路子
　作詞・サトウハチロー　作曲・万城目正

青い山脈（昭和24年）唄・藤山一郎・奈良光枝
　作詞・西條八十　作曲・服部良一

長崎の鐘（昭和24年）唄・藤山一郎
　作詞・サトウハチロー　作曲・古関裕而

雪の降る町を（昭和28年）唄・高英男
　作詞・内村直也　作曲・中田喜直

見上げてごらん夜の星を（昭和38年）唄・坂本九

作詞・永六輔　作曲・いずみたく

★塩澤実信ベスト5
星の流れに（昭和22年）唄・菊池章子
　作詞・清水みのる　作曲・利根一郎
長崎の鐘（昭和24年）唄・藤山一郎
　作詞・サトウハチロー　作曲・古関裕而
水色のワルツ（昭和25年）唄・二葉あき子
　作詞・藤浦洸　作曲・高木東六
夜明けのうた（昭和39年）唄・岸洋子
　作詞・岩谷時子　作曲・いずみたく
学生時代（昭和39年）唄・ペギー葉山
　作詞／作曲・平岡精二

（中央公論・平成26年9月号）

新聞界の惑星・岡村二一

―竹馬の友・熊谷寛との友情―

丘で結んだ友情

南信州新聞が創刊から二万号に達したことを、まずお祝いを申し上げたい。年月に換算すると、半世紀を悠に超えた数値であり、日刊紙の面目を誇って余りある快挙である。この立派な地方紙に、もの書きの端くれとして、無慮三、四百回も紙面に登場させていただいて恐縮の限りだが、その累積の沙汰（?）で、同郷の新聞界の先達・岡村二一氏のプロフィールを書く巡り合わせになった。不思議な因縁を感じること、しきりである。

私が、無学非才をかえりみず、ジャーナリズムの道を志したのは、郷党の星と仰がれた東京タイムズ社長岡村二一氏、ロマンス社社長熊谷寛氏に憧れを抱いたからである。（以

下敬称略）

日刊紙の「東京タイムズ」、雑誌の「ロマンス」共に、敗戦直後に創刊され、一時はマスコミ界を席巻した刊行物であった。国の存亡が危惧された混乱期に、日刊紙と月刊誌をいち早く創刊し、鮮やかなデビューが可能だったのは、両氏が独立する気概と、深い友情に結ばれていたからだった。

両氏の経歴をかいつまんで述べると、旧竜丘村の桐林と駄科の出身であった。二十世紀の初頭に生まれ、竜丘尋常高等小学校に学んでいた。

揃って文学少年で、大正から昭和にかけて隆盛を誇った博文館の「少年世界」や、大日本雄弁会講談社発行の「少年倶楽部」に投稿し、自分の名が活字になると鬼の首を取ったように自慢しあったものという。

両少年とも出来がよかったので、飯田中学校へ進学すると考えられていた。が、岡村は小学校教師の不用意の一言「二一は二一歳で死ぬ」と言われたことがトラウマになって、中学へは進まず松涛義塾に学び、検定試験を受けて、小学校の教師に就いた。

一方、寛少年は飯田中学へ進み、日大芸術科を終えて、講談社の「婦人倶楽部」編集部に入った。両人の進路はここで別れた格好になったが、二十歳前後に短歌の同人誌「夕樺」に拠って、文学熱を燃焼させた一時期があった。

「夕樺」は、峡谷の文学青年が発行していた幾誌かの個人誌が統合されて、刊行されるようになったもので、今村邦夫（信州日報元オーナー）の歌と詩の回覧誌「物之生命」、関谷峡村（本名桑之助・現南信州新聞社長関谷邦彦の父）の「東雲」、熊谷寛（ロマンス社創業者）の「失名」などが、その下地になっていた。

合体に当たって、「物之生命」が支柱の格好になり大正九年十月発行の第四号あたりで形が整ったので「生命」と改題。あらたに十六人が同人になった。

岡村笛人（二一）、岡村ゆめ人、羽生三七、桑原群二、中田金吾、今村邦夫、熊谷寛、中田美穂、竹村浩、関谷峡村、北原理一、原苗村、宮下操、長谷部鑑、新井白雨、新井武夫らだった。

「生命」は、これらの才子が加わったことで、文芸誌らしい誌名に変えようと討議の上、岡村笛人の提案した「夕樺」に改題された。当時文学青年の話題の的だった「白樺」を意識しての誌名だった。

「夕樺」は、大正十年（一九二一）一月一日にスタートした。この誌には、伊那谷各町村、各界のリーダーになる人物が続々、同人に加わる成りゆきになった。

郷党の星の輝き

当初、芸術至上主義の色が濃かった「夕樺」は、ほどなく伊那谷の革新機運を先導する自由青年連盟（リベラル・ヤング・リーグ）「ＬＹＬ」のカタパルト（射出機）になった。

羽生三七（参議院議員）、山田阿水（信州日報編集長）、今村邦夫（同オーナー）らが結成した急進的青年運動だった。ところが、ＬＹＬに「夕樺」の主要人物、岡村二一、熊谷寛の名が見当らないのは、大正十一年に前後して上京していたからだった。

岡村の回想録「創業期の男たち」には、次の通りに述懐されている。

「熊谷は中学を出ると上京し、日大の芸術科に学んだ後、講談社に入り婦人倶楽部の記者になった。一方、私は（中略）小学校教師になったが、文学や青年運動に身を入れすぎてクビになり、上京して東洋大学に学ぶ傍ら、新聞社の学芸部や出版社を訪れては原稿の売り込みをやり、僅かな原稿料を稼いでいたのだが、このころ熊谷が婦人倶楽部の特別企画の取材や作家の談話筆記などを注文してくれたので、大いに助かった。」

岡村と熊谷の持ちつ持たれつの友情は、岡村が東洋大学を卒えて万朝報社に入社、新聞連合を経て同盟通信社に転じ、社会・学芸部長、編集局次長へと累進する間も変わらなかった。淋しがりやの岡村は、私信で絶えず熊谷に友情を求めていた。（葉書・参照）

この岡村二一が、一躍、天下に名を知られたのは、昭和十六年（一九四一）、松岡洋右外相の独伊ソ訪問に、報道機関を代表して随行。世界を驚嘆させた日ソ中立条約の調印を、スクープしたことだった。

岡村はこの旅の折、奇策奇略の松岡洋右の国際的大ドラマと、二十世紀を蹂躙した梟雄ヒットラー、イタリアのムッソリーニ、マキアベリズムの権化スターリンを直に見ていた。

一介の伊那谷の文学青年から、いまや国際的にその名を知られた敏腕記者になった岡村の命運が一転するのは、太平洋戦争に敗れたことからだった。

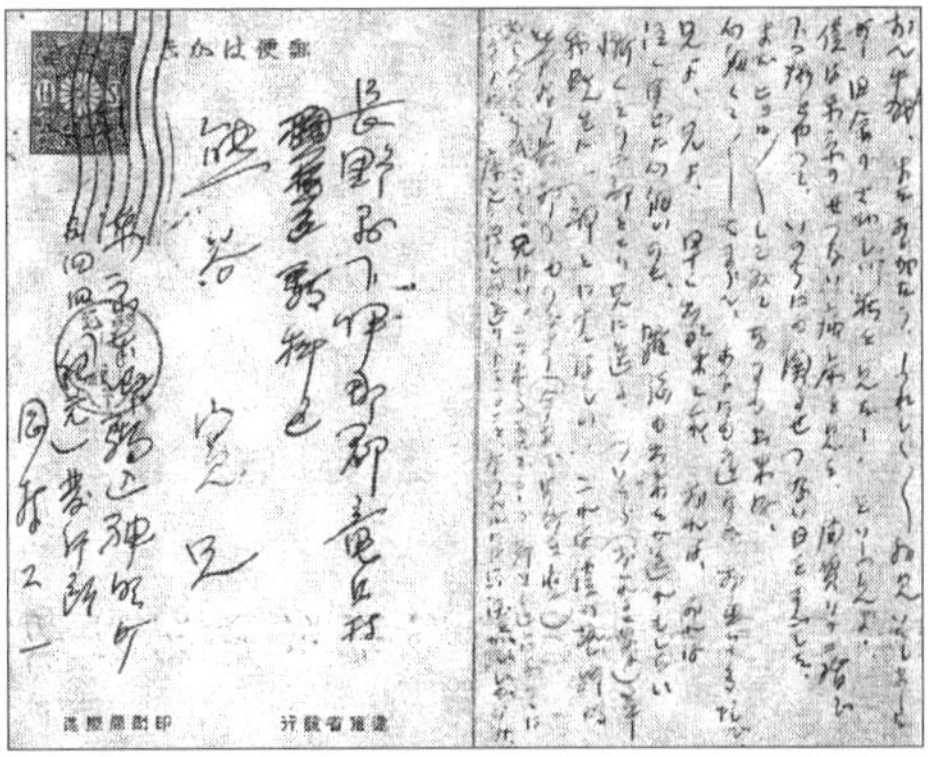

大正11年上京当時の岡村から熊谷あてのハガキ。

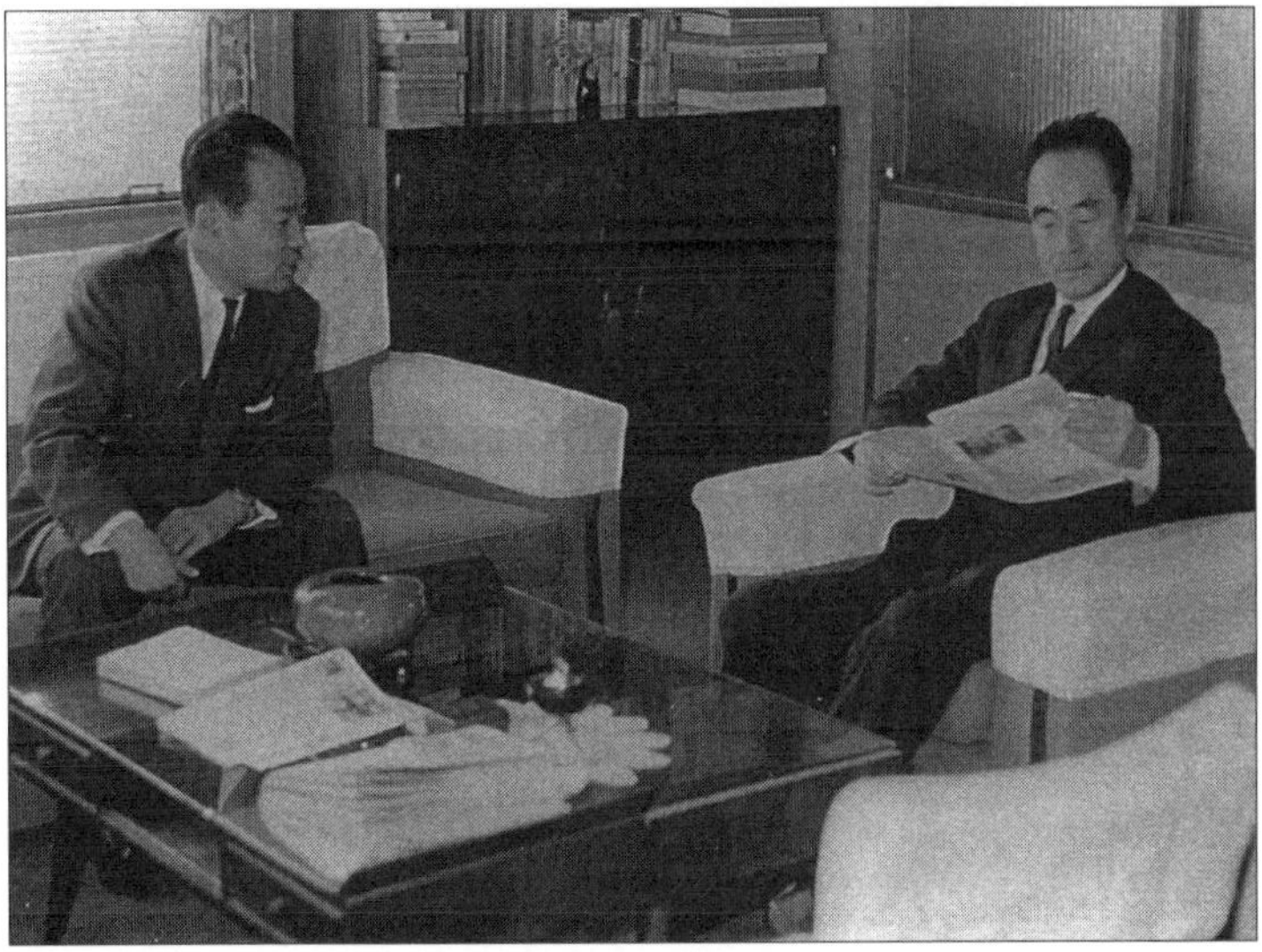

東京タイムズ社長室での岡村二一（右）と著者。

彼の活躍の場、同盟通信は戦争責任を問われて解体され、共同通信になった。岡村は再びそこへ戻る気になれず、今後の生活を思案しているところへ、朝日新聞の橋本登美三郎から「新しい時代の新しい政党を作るから参加しないか」と誘われ、言下に賛同した。

そして、自ら名づけた「民党」から、岡村も郷里を地盤に立候補することにした。が、長野県三区の飯田地区には小学校時代の恩師代田一郎、親友の片山均が立候補していた。さらに、戦争協力者に下された占領軍の追放令が、岡村二一の上にも下されていると知って急拠、取り止めた。

戦後マスコミ界の華

岡村二一、熊谷寛の人生に画期的な転機をもたらす日刊新聞の「東京タイムズ」、月刊誌「ロマンス」の創刊は、昭和二十一年の早春である。

立候補を取り止めて、これからどう生きてゆくかアテをなくしていた岡村の原宿の私宅に、ひょっこり訪ねてきたのが熊谷寛だった。

その熊谷が、「新しい新聞を出しませんか」と、独特の早口でケシかけたのだ。

「駄目だよ」

前途への夢を失していた岡村は、ニベもなく断わったが、熊谷は三日つづきで新聞の創刊を持ちかけてきた。

岡村は熊谷の執念にいささか呆れ返って、

「君、講談社の勤めはどうなっているの」と聞いた。

「やめちまったよ。新しい仕事をやるために」

「へえ、背水の陣だね。それじゃ一体、何という題名で出すつもりなんだ」

「東京タイムズ！」

岡村はそれを聞いた途端、霊感にうたれたように起き上がった。

「よし、やろう！　イギリスにロンドン・タイムズがあり、アメリカにニューヨーク・タイムズ！　日本で東京タイムズの創刊！　世界の三大タイムズだ。これはきっとモノになるぜっ！」

岡村は小学校時代からの親友熊谷寛の手をがっしり握った。兄事する岡村の固い握手に喜んだ熊谷寛は、「雑誌も出すんだ。この方はロマンス！」と、彼年来の夢―新時代に応える斬新な誌名を挙げていた。

岡村は東京タイムズの発行人を熊谷寛に決め、新興紙としての販売方針を、戦後の荒涼たる日本に明るさと楽しさを斎す新聞でありたいと、小説や読みもの、漫画に力を注ぐべく企てた。

それで、最初の連載小説に、詩人仲間だった今を時めく林芙美子に頼むべく、下落合の堂々たるお屋敷を訪ねて、

「稿料は後払いで、創刊号から連載小説を」

云々と、勝手な頼みをしたのである。

するとと、一大流行作家は玄関脇の小部屋をアゴで指して、申し訳なさそうに言った。

「あの通り原稿催促のお客さんばかりで、眠る時間もない始末よ。一段落したら書くから口あけは菊田一夫さんに頼んでよ」

林が候補者に挙げた菊田とは、岡村、林の処女詩集を印刷した社の文選工から、サトウ・ハチローの門下生になり、喜劇王エノケンの座付作者を経て、ラジオドラマ「鐘の鳴る丘」で大躍進する寸前の作家だった。

その菊田一夫は、岡村の訪問を受けるると、

「ト、ト、東京タイムズ　ソ、ソー刊号第一作ですから『ト、ト東京はコ、コ、恋し』にシ、しましょう」

と、吃音者独特の早口で、早速タイトルを決め、嬉んで引き受けてくれたという。

「こうして東京タイムズは、天下の人気作家が相ついで登場。（中略）新聞は面白いほどよく売れた。大新聞も割当ての用紙不足で、駅や街頭のスタンドにまではほんの僅かの部数しか配置できなかった。だから、スタンドを独占する東京タイムズはいくら増刷しても足りないほどの売れゆきだった。そのうちに戸別配達の販売店からも注文がくるようになって創刊三カ月後には、当初に内閣から割当てられた二十三万部の用紙は消化しつくされてしまった」

と、岡村二一は述懐している。

著者（後列中央）の結婚式での岡村（前列）と熊谷（左端）。

宇佐見斎時代の熊谷（左）と著者。

友情、生涯を貫く

東京タイムズの絶頂は、昭和二十三年代の三十六万部で、その後は減少の一途を辿り、昭和四十八年、「アサヒ芸能」で知られた徳間康快に経営権を譲り、岡村は代表権のない会長になった。その会長職も一年で去った。往年の新聞界の麒麟児《きりんじ》は―日本新聞協会副会長、共同通信副会長、新聞通信調査会理事長、日本教育テレビ副会長等々の顕職に「元」が付く立場になって、五十三年七月に死去する。七十七歳であった。

晴れて徳間康快の天下になった東京タイムズは、タブロイド判、ブランケット判と試行錯誤を繰り返し、幾度か誌面の革新を図ったが、一度も黒字化することなく、徳間の経営下で約百六十億円の累積赤字を計上。十九年目の平成三年に休刊した。

創刊から四十六年目―南信州新聞今回の二万号に遥かに及ばない号数だった。岡村二一、熊谷寛ともに、手塩をかけて生み育てた東京タイムズの消滅の前に、冥府に旅だっていることが、せめてもの救いであった。

一方、東京タイムズ創刊三カ月後、出版局から派生した〝映画と歌の娯楽雑誌〟「ロマンス」は、昭和二十三年代に八十二万五千部を発行。「婦人世界」「少年世界」「スタア」「トルーストーリイ」「フォトプレイ」の六大雑誌を発行して、最盛期には「ロマンス社一社で、全出版界定期刊行物の三分の一を出した！」と豪語するまでになった。が、驕る者は久しからずのタトエを地で行き、獅子身中の虫に社は倒されてしまった。

熊谷寛は「婦人世界」一誌を持って再起を図る。が、一年で夢は潰え、東タイに監査役として出戻った。その熊谷に「運勢判断を始めてみないか」と、勧めたのが岡村二一だった。「東京タイムズ」という題号を用意して、失職中だった岡村に、新興新聞の発行という奇抜なアイデアを示し、自らも「ロマンス」を計画して一度は、出版界を席巻した人物である。「この男には何か常人の考え及ばないヒラメキがあると私は考えたからである。

この思いつきは大当たりだった。彼は直ちに丸善に注文して、アメリカで流行している誕生日による運勢判断の本を多数取り寄せて研究した後、まず『今日の運勢』と題する記事の連載を始めた。（中略）このとき彼は『宇佐見斎』というペンネーム――いや易者名を用いた。本名の〝寛〟を三つに分解するとウサミとなる。その下へ気取って斎とつけたわけである。

この宇佐見先生の運勢予言は、まず、東タイの読者から非常な歓迎を受けた。勧めた私がびっくりするほどだった」

と、岡村二一は回想している。

竹馬の時代に芽生えた二人の友情は、生涯を通して貫かれたわけである。

末筆につけ加えると、私は熊谷寛家の居候から出版界に入り、六十年余のいまも斯界から足を洗えずに老残の身を晒している。埒も無い拙著を数多く刊行しているのも、山猿同然の非才を居候に拾い、育ててくれた熊谷寛一家の芳恩あってだった。

（南信州新聞・平成24年7月28日／同31日）

小宮山量平を支えた飯田人

――山村書院創業者の血を継ぐ山村光司――

屹立《きつりつ》した存在感

創作児童文学の父と仰がれた小宮山量平氏が、(平成二十四年)四月十三日に死去された。九十五歳の高齢だった。最晩年は出自の地・上田市に居を定め、自伝『千曲川』を第四部まで書き下ろされていた。

現存する信州出身の文化人、出版人としては頭抜けて存在感を持った人だっただけに、県下をカバーする信濃毎日新聞は、十四日から三日間にわたってその死を悼んだ。

出版ジャーナリストの端くれも、請われるまま、十六日の文化欄に「子供の夢と情操育んだ創作文学の父」と題して、次のような追悼文を書いた。

—小宮山量平さんは、創作児童文学のために、95年の生涯を懸け、日本の地にゆたかな種子《たね》をまきつづけた出版人だった。

敗戦直後、あの不毛な戦中を生きのび、焦土と化した祖国に生きるからには、ひたすら好きな仕事に徹し、精神の復興に役立つ仕事に生きようと、理論社を創業した。

社会科学書を主とした、思想・経済書の刊行をめざし、季刊誌「理論」を創刊。その巻頭に自身の生涯を暗示するノヴァーリスの次の詩をかかげた。

同胞《とも》よ　地は　貧しい／われらは　ゆたかな種子を／まかなければ　ならない

当初は（中略）一流の学者や論客の著書を刊行し、日本の独立と統一を願う真摯《しんし》な出版姿勢をつらぬいていた。

この理論的出版の流れに、一転、児童書の流れが導入されはじめたのは、朝鮮戦争の特需景気で、日本が目先の利益にのみ狂奔し、繁栄の道をひた走りはじめた頃だった。

小宮山さんはこの現実を見て、20年、30年後にやってくる、ほんとうの〝敗戦〟にたじろがない新世代の誕生を願い、子供の本の出版へ転換を図ったのだ。

そして、日本の子供の夢と情操を育てる書き下ろし作品群の一大ピラミッド型の建立を目ざして、その底辺を支える四面を「おもしろさ」「子どもの夢」「正義の味方」「民族の伝統」に定めた。

（中略）児童文学の何らかの賞を受賞する作品が続々と生まれた。しかし、創作児童文学の世界は、売れゆきがきびしく、経営は悪化し、手塩にかけて育てた同郷の山村光司さんに社長を譲り、会長に退いて本づくりの職人に徹することにした。本づくりの職人になった小宮山量平さんは、その一方で自ら創作に手を染め、自伝的長編小説『千曲川』に挑み、さらに編集・出版論の理論的指導者になった。その晩年は出自の地、上田に居を定め『千曲川』の書き下ろしに没頭された。日本最長の大河をタイトルにした作品に挑んだのは、この川筋に沿って街並みが発展し、その集積場所が情報の拠点であるとの発想から、信州の風土と文化を説きあかしかったのだろう。合掌――。

地方出版の先駆け

拙文はこのようなものだったが、私はこの中で、小宮山量平氏が経営難で理論社を投げ出した時、命じられるままに黙々と再建に献身した、飯田出身の山村光司氏にはあえて触れなかった。

山村光司氏は、昭和七年から昭和十八年にかけて、飯田で地方出版史関係の貴重な書籍を九十二点出版した、山村書院創業者・山村正夫氏の長男であった。

書院の図書目録には、民俗学の泰斗・柳田国男が生前、地方出版社で上梓した唯一の出版物『信州随筆』をはじめ、折口信夫の『古典研究』、市村咸人の『伊那史叢書』、小林郊人の『伊那農民騒動史』、村沢武夫の『伊那歌道史』など、伊那・飯田地方の歴史、文化を語る貴重な史料と研究の出版が核として収録されていた。

また、現在も原田島村三代・望氏が発行を手がけている日本随一の郷土誌「伊那」創刊当初の発行元であった。

正夫氏は、平安堂の創業者・平野正祐氏とほぼ同じ時期に書肆《しょし》を開き、「俺・君」と呼び合う刎頸《ふんけい》の交わりを通し、

「君は日本一の書店になりたまえ。俺は日本一の出版社になる」

と、語り合ったものという。

しかし、昭和十八年六月初旬、平野氏と、木崎湖めぐりの旅と天竜下りを楽しんだ後、正夫氏は風邪気味で床についた。はじめは高熱で満州風邪と思われたが、六月十四日、腸チフスと判断され、飯田病院へ入院した。

医師は死に直結した腸出血を心配し、当時としては最高の医術を施した。だが、最悪の腸出血が二十日夜からはじまり、正夫氏は四〇度を超す高熱に浮かされる事態になった。病院長の原農夫氏は、伊那谷の志高い出版人の生命を、なんとしても救いたい一心で、

「君が死ねば飯田の皆が泣く。生きねば駄目だに、頑張らにゃ…」

と、激励しつづけた。

正夫氏には妻今恵さんとの間に、十歳の長男光司、八歳の次男の二児がいた。その幼い

中央小宮山量平、右山村光司。

自社の出版物に囲まれた山村正夫。

子と若い妻を守る責任にも増して、伊那谷に眠る郷土史関係の一等資料とその研究書を、山村書院を通じて世に問いたいという大きな夢を持っていた。

しかし、昭和十八年当時の最高の医術、妻今恵さんの献身も、急性伝染病の前には効果が薄かった。

正夫氏が、今恵さんの心づくしのりんご水を少量飲んで、「うまい…」と高熱でうわずった一言を残し息をひきとったのは、六月二十九日の朝であった。

これからが期待される三十六歳の働きざかりだった。

父の意志を継ぐ

山村書院は、正夫氏の死によって慌ただしく幕が閉じられ、峡谷の文化人、読書人の思い出の中に深く残されただけになった。ところが、正夫氏の出版の志は、長男光司氏に勁《つよ》くひきつがれていた。

正夫氏が亡くなったとき十歳の少年だった光司氏は、飯田高校から横浜の大学に学び社会へ出ると、上田出身の小宮山量平氏が創業した理論社の門を叩き、出版の道へ進む決意を固めた。

入社した昭和三十年代の初め、理論社は創作児童文学で高い評価を受けつつあった。例年、優れた児童書に贈られていた出版文学賞を軒並みに受賞し、〝児童書の岩波書店〟と謳《うた》われるまでになっていた。

しかし、出版物の評価と売れ行きとは必ずしも比例はしなかった。児童出版の分野は、外国と日本の名作といわれる旧著の再版、焼き直し、ダイジェストの罷《まか》り通っているところ――創作は、文芸出版の老舗が手がけても売れないというジンクスがあった。

小宮山量平氏は、それを承知で、敢然と創作児童文学へのり出していたのである。それも、できるだけ多様な作風と実験をこころみるために、「書きたいことを、書きたいだけ書く」長編作品を作家たちにすすめていた。

ただでさえ売れない創作児童ものに、長編はさらに重いハンディキャップを付けるようなものだった。

事実、小宮山氏は次のように述懐している。

「三十冊目を出版したところでも、返本率は八〇パーセントを超えていたのです。経営はみるみる苦しくなり、よほどこれ以上深入りを断念しようかと思ったほどです。けれども、潜在的には多くの人びとから期待されている出版だったのでしょう。次々にでる本がよくもまぁ…と感心するほどに、何らかの賞を受賞するのでした。おそらく、出版界で最高の受賞出版社となっていたことだけは間違いありません。そんな光栄がうれしく、次々と新人作家が世に送り出されるのを、じっと物陰から見送っているような年月が重ねられました。」

山村光司氏は、この小宮山量平氏の下で、制作から編集面の仕事をじっくり身につけていった。光司氏の心には、幼い頃に見ていた、父正夫氏が出版に取り組む姿と、小宮山氏の姿がオーバーラップしていたことだろう。

この山村光司氏に、小宮山社長から後継者の指名があったのは、昭和四十八年だった。志と経営がイコールせず、商売下手な自らにつくづく愛想づかしをした上の代表権の禅《ぜん》譲《じょう》だった。

印税の未払いだけでも億のケタが噂されている時に、山村氏に社長の座が回されてきたのである。資金も持たないサラリーマンの身に、山ほどの借金を背負っている出版社の経営は、所詮《しょせん》不可能であろう。傍らからは「よほどのお人好しかバカでないかぎり引き受けないだろう」と見られていた。

ところが、著者や出入りの業者から、

「ヤマちゃんがやるんだったら、支援は惜しまないよ」

という、あたたかい言葉が続々寄せられた。熟考の末、山村氏は経営を引き受けることに決め、小宮山量平氏は代表権を持たない会長に退き、本づくりの職人に徹することになった。

全10巻の北海道ものがたり

運も実力と言われるが、山村氏が社長となって日の浅いとき、西村滋の長編小説『お菓子放浪記』が、全国学校図書協会・毎日新聞社主催の「青少年読書感想文全国コンクール」の課題図書にえらばれたのである。

課題図書は、その年度の数千点の小・中・高校生対象の新刊の中から、十二点えらばれるもので、出版社間では〝神風〟と呼ばれていた。対象とされた児童書は、売れゆきに俄《が》然《ぜん》弾みがつき、羽が生えたように売れるからだった。

私も、山村社長の慫慂《しょうよう》を受け、平成二年に、駒ケ根在住の動物カメラマン宮崎学の『動物と話せる男』を書き下ろし、幸運にも『第36回青少年読書感想文全国コンクール・課題図書』に選ばれ、束の間のベストセラー体験を享受しているので、出版関係者が〝神風〟と呼ぶ課題図書の重みは理解できる。

次いで小宮山量平氏が育てた灰谷健次郎の『兎の眼』が、宣伝もしないのに大きく動き出した。山村氏はこの動きを見て、「感動のあるものはすべて文学だ。いい作品には大人と子どもの境界などはない」と、『兎の眼』をアダルト版に広げることを思いたった。

製作に年季の入っている山村光司氏の本づくりには定評があった。児童文学作家の今江祥智も、朝日新聞紙上、小宮山量平氏の追悼文の中で、山村氏の本づくりの見事さに言及していた。

山村氏が社長になって画期的な展開を見せたのは、編集職人に徹した小宮山会長と語らって、シナリオを文学と位置づけ、『前略おふくろ様』『昨日、悲別で』等で知られた倉本聰氏のドラマ台本を、全三十巻のコレクションにし、成功させたことだった。

このコレクションのスタートと同時に、倉本氏は、北海道の大自然を舞台に父と子のふれあいを鮮烈に描く『北の国から』を書きはじめた。純と蛍の主役を核に、その成長を追った十二年を越える長寿番組だった。山村氏は、ドラマと同時進行の形で『北の国から』を全七巻の文芸書版にまとめ、全巻で百万部の大ベストセラーに育てたのである。

山村氏は、倉本作品の出版に関わった十年余、毎月のように北海道の富良野へ通い、倉本聰氏と打ち合わせ、討議を重ねて、倉本氏の創造的業績の産婆役をつとめたのである。

北海道に眼を向けた小宮山量平・山村光司両氏から私に、全十巻の『ものがたり北海道』の執筆交渉があったのは、昭和六十一年だった。

『悲しみのコタン―追いやられたアイヌ民族』を第一巻に、『新しい大地よ―探検と冒険の時代』『屯田兵のうた―明治維新と北海道』『青い眼の教師たち―開拓につくした外国人』『ユーカラの祭―アイヌ文化の保護につくす』『北の時計台―札幌農学校にかけた夢』『ふぶきの荒野―海と原野をひらいた人々』『この豊かな恵みを―新しい企業の発展』『風雪の墓標―先駆的な北の詩人たち』『シマフクロウのゆくえ―失われゆく大自然』の十テーマにまとめる二千二百枚を超える大河物語だった。

煽《おだ》て上手の名伯楽

『ものがたり北海道』の制作を担当した小宮山量平氏は、刊行にあたり、「いま甦る〝Boys,be

ambitious!」と題し、
▽若者たちは、何故、北へと指向するのか？
▽いま若者たちの北へのまなざしは深く冴えて！
▽青春よ、そのさわやかな夜明けを、深呼吸しよう！
と、第一巻の巻末に一頁の熱い刊行の言葉を寄せられた。

山村光司氏は、企画の段階から私の事務所へ足を運び、鼓舞激励。当時、所沢に住んでいた山村氏は、新宿で私を接待したのち、通り道の東村山の寓居まで送ってくれたものだった。世代と郷里を同じくしている二人の会話が、車中で大いに弾んだことを、二十年後のいまも忘れない。

二千二百枚を超える『ものがたり北海道』は、駄馬にむち打つ名伯楽が付いてくれたおかげで、一年半で書き終えられた。

小宮山量平氏は、最終刊の巻末に「刊行を終えて」と題して、二頁にわたる賛辞を寄せてくれた。

「まったく驚きました。そして、深い喜びを覚えました。まぎれもなく一人の書き手によって、これほどの連作物語が、一気に書き上げられたばかりか、あたかも月刊誌のように定期的に刊行され、ここに全10巻の完結を迎えたのです。その筆力の逞しさに脱帽すると同時に、このテーマがこの著者の想像力を導きだし得ためぐりあわせの妙に、深い感動を覚えずにはいられません」

云々ではじまる、当人の顔から火の出るような煽《おだ》てをしてくれたのである。

創作児童文学の幾多の俊英は、小宮山量平氏のこの手の煽てに乗せられて、児童文学史に残る名作を書いたのであろう。しかし、出版ジャーナリストを看板にかかげる非才は、北海道の課題図書に推された『ものがたり北海道』全十巻と、「青少年読書感想文全国コンクール・課題図書」の『動物と話せる男』を書いた程度で、児童ものの世界からは退いてしまった。

山村光司社長は、「シリーズ・ヒューマンドキュメント」路線にさらに書くようすすめてくれ、沖縄が舞台のノン・フィクションの執筆提案、あるいは素朴画家・原田泰治半生紀の企画で、制作者の小宮山量平、発行人の山村光司、執筆者塩澤の三人で岡谷まで二度にわたり取材に出向いて、十余時間のテープ録音をしてみたが、原田泰治氏と講談社の出版契約関係もあって、沙汰止みになってしまった。

原田氏から巻手紙で長文の詫び状と、いずれは何らかの埋め合わせをしたい旨の約束をもらっていたが、残念ながら時効になってしまった。

それはさておき、山村光司氏が理論社社長として出版した圧巻は、『まど・みちお全詩集』と、倉本聡氏の一連の作品、伊那谷の生んだ児童文学者椋鳩十氏の傑作集成『椋鳩十の本』全三十四巻プラス補巻二巻を完成させたことであろう。

椋鳩十氏については、いずれあらためて書くつもりなので省略するが、『まど・みちお全詩集』は、全作品千二百篇をあますところなく収録した八百頁に迫る見事な詩集で、本づくりの匠・山村光司氏、父子二代にわたる出版への夢が実った感が深い。

（南信州新聞・平成24年5月）

作曲家 遠藤実を悼む
―中山晋平の衣鉢を継ぐヒット・メーカー―

極貧で育つ

「星影のワルツ」「北国の春」「高校三年生」などのヒット曲で知られる、作曲家遠藤実が急性心筋梗塞のため死去した。後期高齢者に入ったばかりの七十六歳だった。

世代をともにするこの作曲家と、私は四十年を越える交遊を持っていて、拙著の出版記念会や、雑誌の対談、インタビューに気やすく顔を出してもらっていた。

日本作曲家協会会長で、歌謡界の大御所的存在の遠藤実に、一介の雑文書き風情がフランクのつきあいが可能だったのは、週刊誌編集長時代に、彼の苦境を救った因縁からだった。

以来、彼はプライベートの席では、私を兄貴と奉《た》て、「兄貴は、実《みのる》を信じて下さる」と、私の名前にこと寄せ、胸襟《きょうきん》を開いてくれた。

「実を信じる」云々は、私の出版記念会の挨拶でも、臆面なく語っていた。恐縮のかぎりだ。彼は太平洋戦争末期に、両親のふるさと新潟へ疎開し少年期を過しているが、食うや食わずの極貧生活で、中学にも行けず、農家の作男から社会へスタートしている。

その頃、「牛になりたい」と思ったと語っている。牛は昼は働かされるが、夜はゆっくり休める。ところが、彼は夜も遅くまで酷使され、満足に休めなかったからだ。

小学生で音楽の道を志した。疎開して街はずれの電気も天井もない掘立小屋に住む東京育ちの実少年は、土地の悪童たちの格好のいじめのターゲットにされた。

「先生にも、友達にも馴染めず、学校へ行くと言って家を出て、学校の裏山で時間をすごす日がありました。松の木に寄りかかって、佐渡から吹いてくる風が運んでくる波の音を聞いていました…」

いまでいう〝登校拒否児童〟の走りだった。東京へ帰りたい一心で、波の音に耳を傾ける孤独な少年は、とある日、自然にメロディーを口ずさんでいた。

「私の最初に作曲した歌は、そのときのメロディーでした。楽譜も書けない時代ですから、もう忘れてしまいましたが、私は自然から学び、寂しい哀しいときに、メロディーを生み出すようになったのです」

作曲家の原点をこのころにおく遠藤実は、

遠藤実（左）と著者。

「戦争がなく、ぬくぬくと親のスネをかじって高校から大学へ行っていたら、わたしの大衆的なメロディーは生み出せなかったでしょうね」

と、語ってくれたが、昭和の歌謡王といわれた古賀政男の生い立ちに似て、悲運と逆境が曲想の核《コア》になったと考えられる。

十六歳で、人家を一軒一軒回って歌い、わずかなお金をもらう「門付け《かどづ》」を始めた。厳冬のある夜、あまりの寒さに凍《こご》えた手を温めるために、路傍《ろぼう》で小便をかけて暖《だん》をとったこともあったと語っている。

「あの時の小便のあたたかさは、いまも私の手にのこっている感じです」

彼の新潟時代を詳細に書いていったら、涙にまみれた一冊の本ができあがるだろう。

どん底体験を梃に

昭和二十四年、十七歳で上京して流しの演歌師になり、中央沿線の裏町を十年流しつづけながら、独学で作曲家の道を志した。

この間に、裏町のよどんだ空気を吸い、うらぶれた女の涙のしずく、栄達から見放された男たちの嘆きの吐息を浴びた。その体験から、マイナーな人々の哀しみを歌わせたら、誰にも負けない自信をもった。

しかし、裏町、うらぶれ、寂しさ、哀しさといったムードを、ストレートに作曲したのでは、やりきれない暗さばかりが先だって、聴く人の心に夢も希望も、よろこびもおこさせず、「ただ現実の空しさだけがのしかかってくる。負のリアクションがあること」を知った。

遠藤実は、このアンビバレントな苦労を経て、大衆の心を捉えるメロディーを生むコツを、さぐり当てたのだった。彼はわかりやすいたとえを交えて次のように説明してくれる。「…ヒット曲を生み出すことはむずかしい。大衆の心より一歩前進では、大衆はついてこない。半歩でもむずかしい。半歩の半分がちょうどいい。この四分の一の位置の前進で、大衆の音楽のレベル向上をはかっていく」

この四分の一の前進という遠藤メロディーの発想から「からたち日記」（島倉千代子）「高校三年生」（舟木一夫）「こまっちゃうな」（山本リンダ）「星影のワルツ」（千昌夫）「ついてくるかい」（小林旭）「せんせい」（森昌子）「くちなしの花」（渡哲也）「すきま風」（杉良太郎）「北国の春」（千昌夫）「みちづれ」（渡哲也・牧村三枝子）「夢追い酒」（渥美二郎）「雪椿」（小林幸子）など、おびただしい数のヒットソングが生まれたのである。

（南信州新聞・平成20年12月9日）

〝土俵の鬼〟若乃花の肉声
―相撲史上空前絶後の一族の開祖―

〝土俵の鬼〟伝説

（平成二十二年）九月一日は、関東大震災に因んだ「防災の日」であった。この日、〝土俵の鬼〟と謳われた第四十五代横綱・初代若乃花が腎細胞がんのため死去した。力びととしては異例の八十二歳の高齢だった。

相撲史上で空前の力士一家―日下開山の横綱三人、大関一人を輩出した花田家の開祖である。奇しくも、〝防災の日〟が命日となった花田勝治の人生は、天変地異に因縁が深いと言わざるをえない。

青森県弘前市でリンゴ園を経営していた花田家が、一夜で破産に追い込まれたのは、昭和九年九月二十一日の室戸台風で、リンゴ園が全滅したためである。

一家は、北海道室蘭に移住し再起をはかるが、十人兄弟の長男勝治は、小学生時代からアルバイトで家計を助け、二十代で一家の担い手になる星の下にあった。

二十一年の夏、十八歳で花籠部屋に入門するが、室戸台風でリンゴ園が全滅しなかったら、勝治は果樹園の旦那として、悠揚たる生涯を送ったことだろう。

花田勝治が、若ノ花の四股名で初土俵を踏んだのは、二十一年の十一月だった。

そして、二所ノ関部屋系伝統の猛稽古の明け暮れで、四年後の二十五年に念願とした入幕をはたした。

この間、力道山に相撲用語で言う猛烈な可愛がりを受けた。へとへとになるほど土俵に叩きつけられ、殴られ足蹴《あしげ》にされ、竹箒で背中がミミズ脹れするほど打擲《ちょうちゃく》される日々だったのだ。

あまりの苦しさに、力道山の足首に噛みついたこともあったとか。プロレスラーになった力道山が黒いタイツをはいていたのは、噛みつかれた傷跡を隠すためだったの伝説があった。

入幕するや、一七九センチ、一〇〇キロ足らずの体ながら、怪力から繰り出す大技で大型力士を連破し、二十六年九月小結、二十九年一月関脇、三十年一月大関、同年五月初優勝をはたした。

縁起をかついで〝勝雄〟と名づけた長男を、煮えたぎったチャンコ鍋を被る事故で亡くしたのは、三十一年九月場所直前だった。

〝土俵の鬼〟は、数珠をかけて場所にのぞみ初日から十二連勝するが、勝雄を失った衝撃は大きく、高熱を発して休場を余儀なくされた。

この勝雄と、遊び友だちだったのが、二十二歳年下の末弟満だった。後年の名大関貴ノ花になる逸材で、彼の長男は横綱三代目若乃花、横綱貴乃花になった。

若ノ花を若乃花と改名したのは三十二年九月。三十三年一月場所、二度目の優勝で横綱に昇進するが、ライバル栃錦と共にスピードと多彩な技で片ときも目を離せない近代相撲を完成させた。

絶頂期の身長は一七九センチ、体重一〇五キロと、身長ではライバル栃錦に二センチ高いものの、力士の〝資産〟ともいうべき体重では二八キロのハンディを背負っていた。

それでいて、どんな大きな相手にも真向から対戦。得意の左四つに組みとめるや倍近くの体重の相手を宙に舞わせ、あるいは右を差しての独特の呼び戻しの大技で、相手を土俵に叩きつけていた。

私も、大関時代の若乃花が、横綱吉葉山を左四つに組みとめ、豪快な投げで土俵に一転させた大技を砂かぶりで見たことがあった。

相撲通の中には、戦後、最強力士の筆頭に若乃花をあげる人もいるほどで、稽古につぐ稽古で鍛えた体は、ハガネのような筋肉と負けじ魂で固められていた。

君子豹変す

私がこの〝土俵の鬼〟にインタビューしたのは、引退して年寄・二子山を襲名、二横綱の二代目若の花、隆ノ里、二大関の貴ノ花、若島津をはじめ数多くの関取を育てている時代だった。

光文社発行の月刊誌「宝石」の連載『明日のドンたち』の企画で、日本相撲協会理事長春日野親方（元栃錦）の跡目になれるかどうかの取材だった。当時、有力後継者に出羽海親方（元横綱佐田ノ山）らが噂されていた。

早速、インタビューの電話を入れると、秘書が応対に出て、取材の要旨を親方に説明しはじめたとたん「なにッ、ブンヤ？　居ないって言え、居ないって言えッ！」という怒声が聞こえてきた。

秘書はあわてて、「いま、親方は出かけました」と、しどろもどろの対応になった。私は「どこへお出かけですか。何時頃お帰りになりますか」と重ねて聞いていると、親方の怒声がふたたび、受話器に飛びこんできた。「バカヤロー！　切れ！　電話を切れッ！」

この対応に一計を案じた私は、若乃花時代からのタニマチ、財界の顔役の安西浩氏の義弟が親しい森美秀代議士だったことから、助力を乞うことにした。

森氏は「金以外だったら、あんたの願いごとはなんでもOKです」と冗談を言い、「義兄はイヤな奴だから、甥の昭和電工常務安西一郎に言っておきます。三十分後あたりに連

青森県弘前市の若乃花像。

絡させます」と快諾してくれた。

十五分後、安西一郎氏から電話があって「親方にお伝えいたしました。どうぞお電話をして下さい」とのこと。すぐ、二子山部屋へ電話を入れると、電話口に出た親方は、先ほどの怒声にうって変わった声で、「どうぞ、どうぞ、ご都合のいい日においで下さい」と、驚くほどていねいな言葉を返してきた。三十分前の「なにッ！　ブンヤ！」の主の豹変《ひょうへん》ぶりに唖然としたことを、二十年後のいまも忘れない。

インタビューは成功したが、手もとに掲載誌が見当たらないので、残念ながら詳細を書くことはできない。

ただ、二時間近くの対談中、〝土俵の鬼〟と呼ばれた一面をべっ見する機会があった。それは、これから場所入りする弟子たちが、挨拶に訪れる都度、親方は人前も憚《はばか》らずに、「いいかッ、殺せ！　相手を殺せッ！　土俵上に、殺人はないんだからなッ！」と、すごい迫力で太い腕を突き出すようにして怒鳴ったことだった。

大部屋だったから、取り組みに行き、勝負をつけて帰ってくる力士は引きも切らなかった。親方は、土俵に立つ力士には「殺せ！」と叫び、帰って来て勝負を報告する力士には、勝った者には、「よしっ！　頑張れ！」と叫び、負けて帰った者には、「なにッ！　負けたッ！お前、なんのために相撲を取ってるんだッ、バカヤロー！」と、すごい剣幕で怒鳴りあげていた。

聞きしに勝るすさまじさだった。

二子山部屋を興して、一代で二横綱、二大関ら十九人の関取を育てた偉業は、戦前、番付の片面を一門で埋めた出羽ノ海部屋、双葉山全盛期の立浪部屋をはるかに陵駕《りょうが》していただろう。

私がその件にふれて、オマージュを口にすると、親方は私の言葉をさえぎるようにして「あんたは、そうおっしゃりますがネ、わしの部屋にどれだけ入門者があったと思いますか」と問いかけ、「さァ」と戸迷いした私に、「四百七、八十人は入門してるんですよ。ところが、青森から新弟子を連れて来て、九州に有望の子がいると聞いて九州へかけつけ、連れて帰って来たら、青森から来た子が逃げ帰っていたなんてことが、しょっちゅうだったんですから」と、苦笑まじりに告白した。

相撲道一筋の人生

実弟の貴ノ花入門の経緯は、いまや伝説となっている。十五歳で二子山部屋入門を申し出たとき、四男の陸奥之丞(元三段目若緑)が途中で挫折したことに懲りていた親方は「駄目だッ!」と、一言のもとに撥ねつけていた。

母親のきゑが、「まあ、そういわないで…」と割って入り、勝治に翻意を迫るが、母の言葉は親方の胸にひびくものがあった。

長男の勝治が大相撲から入門を誘われたとき、一家の稼ぎ手を失うからと強硬に反対する夫の宇一郎に「まあ、そう言わないで…」と、助け舟を出してくれたのが、この母親だった。母の意見に背ける勝治ではなかった。

　二子山親方は、弟の入門を許す条件として、「今日限りで兄弟の縁を切る。明日からは親方と、ただの弟子でしかない。わかったか！」と言うものだった。

　弟満は「花田」の四股名で初土俵を踏むが、当初、親方のすごい可愛がりを受けていた兄弟子たちからは、「親方の弟」ということで酒を一升ビンで注ぎ込まれたり、土俵の砂を口に突っ込まれるなど、理不尽の〝可愛がり〟を受けた。

「無理ヘンにゲンコツと書いて兄弟子と読む」とか「番付一枚ちがえば虫ケラ同然」という相撲界には陋習《ろうしゅう》が数多かった。

　もし、貴ノ花が、兄の陸奥之丞同様に、挫折していたら、彼の息子から二人の横綱は育たなかっただろう。

　親方は、弟貴ノ花に日々、きびしい稽古を命じるが、部屋の裏に母親がいたことから、「稽古に音をあげて、ばアさんのところへ行っていたようですよ」と、苦笑まじりに話してくれた。

　大阪にいた陸奥之丞にもインタビューをしているが、彼は長兄であり、部屋の親方だった勝治を、「血も涙もない男だ」と唾棄《だき》するように語っていたのが記憶に残っている。

「私が金に困って、二、三十万円借りたことがありました。兄は、借りた翌月から『返せ！返せ！』の矢の催促でした。二度と借りるものかと思いましたよ。彼が相撲協会理事長になるなんて、選挙だったら絶対になれないでしょう」

人間花田勝治には、うかがい知れない怪物キメラ（頭は獅子で胴はヒツジ、尾は蛇）がひそんでいたのかも知れない。

しかし、力士としての彼は、不世出の逸材であり、血に連なる者から二横綱、一大関を輩出させたのである。相撲史上空前にして〝絶後〟の一族だろう。

その初代若乃花、二子山親方が色紙を乞われて好んで揮毫したのは「道」の一字だった。その理由を問う私に、花田勝治は、

「相撲道、武道、柔道、修道…道の一字には、人の守るべき教え、やりかたなどが含まれています。わしはいつも『道』と一文字を書くのはその理由からです。もっとも、わしが満足に書けるのは、道一文字しかありませんがネ」

と、苦笑していた。

初代若乃花は、昭和生まれの初めての横綱だった。彼の像は、平成五年八月、郷里の弘前市に彫刻家古川武治の手で造形化されている。生前、古川武治にインタビューをしたとき、青森の生んだ力士、桜錦の銅像を手はじめに、この県から輩出した四十二代鏡里、四十五代若乃花、四十九代栃ノ海、五十六代若乃花、五十九代隆の里の五横綱を造形していて、六十三代旭富士ただ一人をまだ手がけていないといっていた。

古川武治の造形化した〝土俵の鬼〟若乃花は、彼の全盛期の姿を再現している。がんの末期、八十二歳の英雄の体重が、力士時代の二分の一になっていたと聞くと、幾多の問題

を抱えて苦悶する相撲の行方を一身に背負って逝った感がある。
日本の相撲は、〝土俵の鬼〟が揮毫しつづけた「道」にもどる秋《とき》であろう。合掌。
（南信州新聞・平成22年9月11日）

信州出版人かく戦えり

―一草舎出版さよならキャンペーンに寄せて―

目を覆う惨状

今年は「国民読書年」に位置づけられている。出版界を覆う現況が、きびしいの一言に尽るときに、読書年を定めたのは、〝時宜を得た〟というべきか、遅きに失したとみるべきか。リアルタイムで、人々の活字離れ、読書離れを知る身には、読書という好ましい風習がすでに過去のものになったことへのアイロニーに思えてくる。

それを裏付ける冷厳な数字がある。いま、出版界の総売上額は、二十一年前に戻っているのである。出版科学研究所のデータによると、出版の両翼を担う雑誌と書籍の販売総売上げが二兆円を超えたのは、一九八九年だった。

六十四年にわたった昭和から、平成時代になった年で、以降、売上げは右肩上りに推移して、九六年には日本出版史上最高の二兆六五六〇億円に達したのだった。

ところが、翌年に一転。昨年の二〇〇九年まで（〇四年の〇・七％前年比プラスをのぞき）マイナスつづきとなって、〇九年の総売上額は一兆九三五六億円と、二兆円を切るまでになった。絶頂期との落差は七二〇四億円と、実に三二％のマイナス成長である。

凋落の原因は、大雑把に見て文化の多様化、グローバル化、少子化によるダブル・トリプルクライシスに直撃されたことである。

それに加えて、出版界のキーワードであった〝雑高書低〟―雑誌の売り上げで書籍の低調を支えていた、頼みとする雑誌が十二年間連続のマイナスに陥っている。プライム・ローン破綻の深刻な不況で広告が入らず、彌縫策として平均定価を上げたために、読者は漸減し「主婦の友」「月刊現代」「諸君！」といった著名誌が休廃刊に追い込まれ、創刊活動も停滞してしまったのだ。

一方、書籍は読者ばなれに連動した売上げ逓減をカバーするために、新刊点数を年々増やしているものの、その効果は見られないままである。

新刊点数は、二十一年前が約三万七千点だった。それが〇九年には七万数千点と倍増しているが、販売金額は二十年前並み―つまり、本が売れずに部数が半減したことを如実に物語っている。返品も、平均四一％前後にまで悪化している。

いま一つ、出版界にとって深刻きわまる問題は、出版最前線の位置にある書店が、全国各地で消滅している事実だ。朝日新聞一月二十六日の夕刊によると、この十年間で六千四百三店減少し、ほぼ半減している県もあるという。

それによると、全国の書店を調査しているアルメディアのデーターで、二〇〇〇年と今年一月時点の書店数を比較すると、二万一九二三店から一万五五一九店と、約二九％も減ったと報道されている。

〝出版県〟のたそがれ？

出版界の落穂拾いのような仕事で、最低限に近い生活をしている身にとって、斯界を覆う現実は厳しいの一言に尽きる。ところが、ここに来て、追い撃ちをかける知らせが飛び込んできた。畏敬する高橋将人氏の一草舎出版「さよならキャンペーン」だった。

高橋社長は、松本市で一九七五年郷土出版社を創業し、在任の二十五年間に千六百点を出版。『長野県文学全集』（全三十七巻）『長野県美術全集』（全十六巻）はじめ、信州の文化を顕彰する見事な出版戦略を展開した。「地方出版に高橋あり」と謳われ、一時代を築いた逸材だった。

『長野県文学全集』には、浅学非才を省《かえり》みず、同郷出身文化人の驥尾《きび》に付し、編集委員の一人になったり、「信濃毎日新聞」や「信州の東京」に連載した信州出版人の足跡を辿った『出版王国　信州の山脈』を上梓していただくなど、幾多のお世話になっている。

ところが、高橋氏は二〇〇〇年に、胸部大動脈瘤で瀕死の重態に陥って病床に臥し、手塩にかけた郷土出版社から身を退いた。そして四年間の療養を経て、長野市で「信州にこだわり、信州にこの一書あり」の出版を志して、一草舎出版を創業したのである。

『椋鳩十未刊作品集』（全二巻）を皮切りに、『文学作品に見る　太平洋戦争と信州』（全二巻）『新田潤作品集』（全五巻）『信州の大紀行シリーズ』（全六巻）『信州の民話集成』（全四巻）『著名人がつづった名随筆・名紀行集シリーズ』『信州ふるさとの歌大集成』（市川健夫・吉本隆行監修）『写真集　信州昭和の原風景』（熊谷元一白寿記念）など、六年間に百二点の愛すべき信州が誇る温かな文化を後世に伝える書籍を、出版してきた。

百二点の出版目録の中で、昭和十二年に誕生し飯田市民が歩んだ激動の記録『保存版飯田市の70年』は発刊即完売となっているほか、第20回地方出版文化功労賞受賞の『私たち、みんな同じ』（城島徹）『山室静とふるさと』（荒井武美）『目からウロコの経済一〇〇話』（塚田国之）『新伊那谷の昔話集』（小沢さとし）『権兵衛とうげ』（荒井建）『決戦　川中島』（松本清張）『木曽路大紀行』など、十数点も完売の快記録となった。

しかし、地域を限定したうえでの出版活動は、容易なことではなかった。高橋氏は、「五年前、十年前に比べると、これが同じ世界かと目を覆うばかりでした」と、長嘆息しているが、教育県、出版県を誇った長野県にして、書店は全盛期の三、四割減になっていて、「文字を書く」ことを含めて活字の価値観の暴落ぶりはすさまじかった。出版関係の拙著を刊行している私も、一般人の読書離れは、身にしみていた。卑近な例をあげれば、二〇〇七年十月四日の信濃毎日新聞の「信州・新聞・出版人の系譜」特集に乞われるまま、私は次のようなコメントを寄せていた。

「『山の向こうはどうなっているのだろう』その思いを信州人は、長く、強く、持ち続けてきた。そのため向学心は高く（中略）教育県となった。

こうした人びとが醸し出す『知熱』は、文化を伝達する武器としての活字を大切にする風土をかたちづくった。（中略）

信州出身の人物が創業した岩波書店や筑摩書房、みすず書房といった出版社は今も、日本の活字文化を支える屋台骨となっている。

その一方で活字文化を尊び、守ろうとする気風は信州の内側にも連綿と続いている。長野県内の地方出版社を見ると二十八社。大都市圏を除いて、県単位では多い。」

さよならキャンペーン

私はここまで書いた後に、

「携帯電話やインターネットの普及、新古書店の進出など出版界を取り巻く環境は厳しい。しかし、人は活字を読むことで新たな発見をし、深く考え、豊かになっていく。ネット空間には存在しない『知の集積』が活字文化の中にある。活字の中にこそ文化は流れ続けている」

と、あらまほしい言辞を書き加えたのだった。

だが、ベテラン出版人の率いる一草舎出版にして、地域の幅広い文化を扱った書籍だけでは、暗礁に乗り上げ、航行が困難になったわけである。

一草舎の刊行物には、私は単著で『飯田の昭和を彩った人々』。『文学作品に見る太平洋戦争と信州』の下巻に解説と拙稿を寄せ『諏訪大紀行』には岩波書店創業者、岩波茂雄伝。名随筆・名紀行シリーズ『伊那路』に『りんご並木の街いいだ』『新田潤作品集』に総合解説等と、関わりは少なくなかった。それだけに同社のストップに強い責任と衝撃を感じている。

高橋氏は目下、県内各地の書店で既刊本を二割引で売る「一草舎さよならキャンペーン」を展開していて、飯田では平安堂で三月二十二日まで行っている由。

この「さよならキャンペーン」の案内に、飯田市の一女性は次のような手紙を一草舎出版に寄せ、高橋氏をいたく感激させた。

二月も半ばを迎えました。

飯田では白梅の花が咲き、福寿草が黄金色の花びらを、寒風の中にいっぱいにひろげています。

この度、御社からの「さよならキャンペーン」御案内を頂き、胸しめつけられる思いで拝見致しました。

世界的不況が続く中、どちらの会社も苦しい経営を余儀なくされていることは承知しておりましたが、御社のように立派で良心的書籍ばかりを出版して下さるところまで…と悲しい思いで一ぱいでございます。

…良書にこだわられたから尚更なのか…とも思い、御苦労、御心苦は如何ばかりかと、お案じ申しております。

（中略）

社長様はあまりお丈夫ではないと伺った気がします。このような大変の折、ご体調は大丈夫かしら…心配申し上げております。

ご苦労が多いとは存じますが、ご健康にはくれぐもご留意下さいますよう祈り上げております。

人生、七ころび八起き　と申します。

冬来りなば、春遠からじ　です。

捲土重来を心からご期待申し上げております。

あえて、この手紙の主の名は控えさせていただくが、高橋将人氏は感激してＦＡＸで文面を伝えてくれた。

「さよならキャンペーン」の売り上げは好調と聞くが、それにも増してこのような温かないたわりの手紙が、信州の文化顕彰ひとすじに生きてきた出版人に寄せられ、事業中絶の心の痛みは少なからず、いやされているだろう。

（南信州新聞・平成22年3月14日）

九十代 大先達むのたけじの導き
―八十歳になっても人生はこれから―

たった一人で戦争責任をとる

九十四歳で天寿をまっとうされた出版の師・布川角左衛門先生は、生前、言葉を交わす都度「これからだよ、これからだよ」と愚生を激励して下さった。

百歳まで現役作家だった野上彌生子が師を叱咤した言葉のお裾分けだった。布川先生より十五歳年上であった老作家は、師が七十五歳になった折、「そろそろ後進に道をゆずって」と引退をほのめかしたところ、

「あんた、何をおっしゃるの。私はこの年になって、やっと文章らしい文章が書けるようになったと思っているんですよ。あんたの人生これからです。これからですよ」

と、叱咤されたのだという。

九十歳の文化勲章作家に、そう言われて、先生は以降、暦年齢に封印し、乞われるまま七十八歳で筑摩書房の管財人代理に就任されたのだった。

その出版の師に、私が揮毫を乞うたとき、

「今日も亦生涯の一日である。明日を考えて共に歩こう。人にはそれぞれの生き方がある。ゆっくり、急げ」

という含蓄のある箴言を贈って下さった。「ゆっくり急げ」とは、幾通りもの解釈を導き出せる名言だと思うが、つい最近も九十六歳の大ジャーナリスト、むのたけじ先生から、また一段と深い名言を、その著書『詞集たいまつ』の扉に揮毫していただいた。

現職のジャーナリストとしては、日本はもとより世界におけるギネス・ブック記録と思われるむのたけじ氏は、眼こそ老乱視でグラスの底のように厚い眼鏡をかけておられるが、頭脳は明晰、論理は井然《せいぜん》として言語も明快。一時間半の講演も立ったままであった。

先生がA5判六五三頁の『詞集たいまつ』の扉に書いて下さったのは、私の名前の後に三行にわたって、

死ぬ時こそが
一生のてっぺん
むのたけじ

と、味わい深い文字で認《したた》めてあった。

老師は、さらに岩波新書の『戦争絶滅へ、人間復活へ』の表紙裏に、

さあ戦争を絶滅させて、人間
みんなが人間
そのものとして生き返るぞ
塩澤実信様
むのたけじ

と書いて下さった。

—感激だった。

むのたけじ先生の偉大さは、口舌の徒輩の多いジャーナリストの中で、終始言動の一致した希有の存在であることだった。

その閲歴をみると、昭和二十年八月十五日、日本が連合国に無条件降伏をした日に、ジャーナリストとしての戦争責任を痛感して、朝日新聞社を退社されている。

働きざかりの三十歳であった。

武野武治記者が、敗戦の日に戦争責任をとる決意をしたのは、負けた戦争を「勝った、勝った」と言い続け、うそばかり書いてきたことに、きちんとけじめをつけるべきだの思いからだった。

氏は、『戦争絶滅へ、人間復活へ』で聞き手の黒岩比佐子に、次の通りに話している。

「けじめもつけずに朝日の社旗をおろして、今度は連合軍のアメリカの星条旗を立てて新

聞を出す、というのではおかしいだろう、と。それで、『われわれは間違ったことをしてきたんだから、全員が辞めるべきではないか』と提案したんです。私はそのとき頭では、そうとしか言えなかった。(中略)

たった一人、学芸部の人が『いや、むの君の言う通りだと思うけれども、私には女房も子供もいるから、失業するわけにはいかない。君は私を馬鹿にするだろうけど……』(中略)

結局、私と一緒に辞める、と言った人はいませんでした。そのため、八月十四日の晩に『私はもう朝日を去ります。明日から来ません』と伝えて、十五日から出社しませんでした」。

たいまつを掲げて

たった一人、天下の朝日新聞社を辞めた武野武治記者の偉さは、この後にあった。彼は売り食いの耐乏生活を経た後、四八年の二月、秋田県横手市でタブロイド判二頁のミニコミ紙「週刊たいまつ」を家族とともに創刊した。

以来、農村・社会問題などに正論を説き、真実報道一筋に貫いて今日に至った。

東北の小都でミニコミ紙に依るむのたけじの存在が、一躍知られるようになったのは、「週刊たいまつ」の題字横に設けた囲み欄である。

ごく短い言葉を入れた箴言、警句、寸言といった囲みもので、当人は息抜きの意識が強かったようだ。しかし、この集成が飯田市出身の山村光司氏が社長を務めた理論社から『たいまつ十六年』のタイトルで刊行されるや、寸鉄人をさす詞集に圧倒されて〝秋田のむのから、日本ジャーナリストの中のむの〟的存在になったのである。

読む者の臓腑を抉《えぐ》る鋭い寸言に増して、書く人の戦後のぶれのない、まっとうな生き方に圧倒されたところもあった。戦時下、「勝った、勝った」と嘘の報道ばかりを流し、国民を死の渕っぷちに追い込んだ天皇制国家の指導者が、敗戦後、国民すべてに〝一億総懺悔〟を強制して憚《はばか》ることがなかったのだから……。

『たいまつ十六年』は、一大ロングセラーになり、社会思想社を経て、現在岩波書店から「岩波現代文庫」として刊行されているが、他に『詞集たいまつ―人間に関する断章６０４』（三省堂刊）『詞集たいまつ』Ⅰ～Ⅵ（評論社）、この集大成ともいうべき二〇〇一篇を収録したＡ５判六五三頁の『詞集たいまつ』が評論社から刊行されて、静かなロングセラーになっている。

私の座右の書の一冊で、目次を見ると「いきる章」「すすむ章」「まなぶ章」「はいる章」「むすぶ章」「いどむ章」「すてる章」と、自動詞三文字の十七章立てとなっている。むの氏がこれまでに見聞し、思考しておのずと胸にわいてきた二〇〇一篇の寸言、金言、箴言、至言のたぐいを収めていて、その最初の詞は、「はじめにおわりがある。抵抗するなら最初に抵抗せよ。歓喜するなら最後に歓喜せよ。途中で泣くな。途中で笑うな」

という深い意味を持った言葉である。

以下、アトランダムに各章の中から、名句をピックアップしてみよう。頭の数字は掲載順位をあらわしている。
22　自分の終末を予想しない営みは、指紋のない手の動きに似ている。
99　愛することのできるものは、憎むことのできるものである。
187　正直な会話をしたかったら、まず自分に対して正直になりなさい。
473　遠い将来の国家像はどうあろうと、人間が人間を信じて前へ進むならば、（人民共和）は普通かつ必然の過程である。かくてこの地上に最後まで残る王様は四人、トランプの王様だけである。
726　得たいものを得るには、失うべきものを捨てなければならない。
155　十分に食べて十分にこなして養分を吸収すると、もりもりと威勢のよい排便となる、このコースがうまくいかないと、空砲の乱発となる。言葉の出てくる様子も、これと似ている。ふだん滋養価値の高い知識をよく吸収して、それを生活の体験で消化して知恵を鍛えていると、何を述べるにも自分の言葉で言える。借り物ではないから、その言葉には生命観があふれて、個性のにおいがぷんぷんする。朝晩しょっちゅうとはいかないが、せめて大事なことを口にしようとするときは、一息いれて自問したい。「いま言おうとしているのは、おれのウンコ言葉がかオナラ言葉か」。
―などなど、むのたけじ氏のウンコ言葉が『詞集たいまつ』には、二〇〇一篇も集成されているのである。圧巻である。

先生は八十五歳で胃がん、九十二歳で肺がんを患い、手術もせずに自分と戦って、病魔を退散させている。

一身にして二生、三生を経るような人生を歩いて来られて、「絶望のどん底に希望がある」ということを一つの哲学のように言えるには、九十年余り生きなければならなかったと言って、次のようなお話をして下さった。

「七十年代の後半ですが、津軽に行きました。山の方から冷たい風が吹いて、田んぼが実らない。その田んぼに行って、枯れた稲を見ながら、車座になって思い思いにしゃべった…。土の上の稲が駄目なら、土の下に根っ子がある。下の方を栽培してみてはどうかと…」。農民たちは、絶望のど真ん中にあって、この助言に従い、地下で栽培できる長芋とにんにくを植えたところ、暗黒が光明につながったのだった。

しかし、よその県もにんにくを作るようになったのと、長芋は連作ができないことで行き詰った。加えて外国産に押されて青森特産のリンゴも売れなくなった。

「農民たちは、絶望の中から希望の糧を発見するエネルギーで、外国が売りに来たら、おらも売りに行くべえと、外務省・通産省に頼み『箱入娘』というリンゴをアメリカへ行って売ったり、台湾へ大量に売りこめる状態をつくった。それが絶望の底に希望があるということだが、それを一つの哲学のように言えるのは、九十年余り生きなければならないということです」

九十六歳のむのたけじ先生のこのお言葉の前に、傘寿を超えたばかりの〝青二才〟は沈黙する他はない。私も一生のてっぺんに向かって、暦年齢に封印をし、これからの人生をゆっくり急がなければならない。

（南信州新聞・平成23年12月）

写真から読む政治的人間の相貌

一寸先は闇の世界

政界を〝一寸先は闇〟と宣《のたま》うのは、伊那谷に関係深い老獪《ろうかい》な政治家川島正次郎だった。両親、出自の地を清内路に持つ川島は、東京日日新聞記者、東京市商工課長を経て、一九二八（昭三）年の普選第一回以来、戦前に六回、戦後八回衆議院議員に当選していた。戦後、初めは岸信介派で、六〇年安保時には自民党の要《かなめ》、幹事長だった。後に二〇人の小派閥を結成し、総裁（首相）選びなどで〝洞が峠〟をきめこみ、大勢の赴く先を的確に読んで、常に主流派を占めていた。

毒舌評論家の大宅壮一は、川島の見事な寝業師ぶりを揶揄《やゆ》して〝江戸前フーシェ〟と名づけていた。フーシェとは、フランス革命に参加して、反革命派を鎮圧。ナポレオンの天下・王政復活時代に警察大臣として権力をふるった狡猾な政治家だった。『ジョセフ・フーシェ――ある政治的人間の肖像』の著者シュテファン・ツワイクは、この男を「生まれながらの裏切り者、いやしむべき陰謀家、のらりくらりした爬虫類《はちゅうるい》的人物、営利的変節漢、下劣な岡引根性、浅ましい背徳漢等々――」

と、侮蔑的罵詈の数々を、『フランス大革命史』の著書の中から引用していた。一方、バルザックは、大作『人間喜劇』の中で『ナポレオンが有した唯一の名大臣』と賞讃していた。

フーシェは、ライオンの頭、羊の体、蛇の尾をもつ怪物〝キメラ〟の相貌を持った政治家ともいうべきだが、私の見るところ政治的な人間には、フーシェに通じる一筋縄ではいかないキメラ的姿が必要のようである。

ふたむかし、みむかし前、週刊誌編集長だったころ、政界と多少のかかわりを持ち、有名、無名の数々の政治家に会っていた。篋底《きょうてい》を探すと、それらの人物とのショットが少なくなく、また、二、三〇年後に政権を担ったり、フーシェ流の権謀術数を操る政治家となる人物と交流しているが、よもやこの人物が一国の総理の印綬を帯びると、想像すらできないケースもあった。

そのいわれを、三十数年前に撮った写真から解説してみよう。

まず、三人の自民党議員と共に、左端でバカ面もあらわに、呵々大笑をしている男が私

左から著者、小沢一郎、小泉純一郎、村岡兼造。

である。その右隣でやはり大笑いしているのが、この二十年間政界を攪拌《かくはん》し、つい先日まで鳩山政権の民主党幹事長として、剛腕ぶりを発揮した小沢一郎。

その右隣が、青年の面影をのこした小泉純一郎。その右隣に顔を出しているのが、政治献金一億円をウヤムヤにした村岡兼造である。

彼らは、私より若く、当時は政務次官にも達していなかった。政治家を志した以上、誰の胸中にも末は大臣、宰相の夢を持っていて当然だった。私が見て、この三人の統率力、指導力、行動力から、一番の期待を持ったのが小沢一郎だった。世襲三代目の地盤、カバン、看板を生かして、伴食大臣ぐらいにありつけるだろうと見たのは小泉純一郎。党の役員、委員長どまりが村岡兼造の予想だった。

巨大な嘘の世界に生きる彼らだったから、風体だの学歴、知性が未来を保証しないことを計算した上での予想であった。

金権政治のツケ

この予想をくつがえして、小泉純一郎が田中角栄の娘、真紀子と組み、自民党総裁に当選。小泉政権を樹立したのは二〇〇一年四月二十六日だった。

私には、驚きだった。変人の言動をほしいままにする小泉が、総理の印綬を帯びるなど、想像に遠かったからだ。

この驚きは政治音痴の私ばかりではなかっただろう。彼が総理になるほぼ十年前に、朝日新聞社編で『現代日本・朝日人物事典』を刊行したことがある。

私も出版関係の人物を執筆しているが、執筆の注文は、大物が二五字×五〇行。中堅三〇、小物が一〇行前後に収まるよう指定を受けていた。

手許にある事典を見ると、当選七回で竹下、宇野両内閣で厚生大臣を務めた小泉純一郎は一二行。当選八回、海部政権下四七歳で自民党幹事長になった小沢一郎が一二行と同分量。

村岡兼造はなし。自民党末期に政権を担当した安部晋三、福田康夫、麻生太郎も、二〇年前には一行も触れられていなかった。今回民主党政権の二代目を継いだ当選四回の菅直人は一二行と、小泉、小沢並みの扱いを受けてた。

ちなみに、『朝日人物事典』のスペースで吉田茂は五三行、佐藤栄作四八行、田中角栄五八行、三木武夫三五行、川島正次郎一七行と、正規の学歴は小学校止まりで、五四歳にして総理に駆け上った田中角栄の紹介は、他を圧倒している感があった。

ところが、一九四七年、現行憲法下初の総選挙で、二八歳にして初当選し、以降、連続当選をつづけた田中角栄が、総理大臣の椅子に座ることを予想した者は、当初、政、財界、文化、マスコミ界を通じて、誰もいなかった。

ワンマン宰相吉田茂は、金あつめに狂奔する梟雄《きょうゆう》の危なげな政界活動を見ていて、「あの代議士は、刑務所の塀の上を渡り歩くようなことばかりしているが、よく塀の中へ落ちないものだ」と、感嘆しきりだったとか。

後年、総理の立場でロッキード社から五億円のワイロを受けとり、その嫌疑で逮捕されたのだから、ワンマンの危惧は当たったたことになる。

田中内閣が金権金脈問題の総辞職後、〝椎名裁定〟で、晴天の霹靂《へきれき》で政権の座へついたのが三木武夫だった。バルカン政治家の看板をかかげて、政界多数派に対して、したたかな政治的姿勢で、在任中に政治資金規正法、独占禁止法の改定など、多くの足跡を残している
クリーン度の高い三木武夫の政治家ぶりに、女優の高峰秀子など、熱烈な三木ファンがいて、週刊誌編集長時代に、三木武夫・高峰秀子対談をこころみたことがあった。

三木夫人の実弟・森美秀代議士と私がきわめて親しかったことから、実現した異色対談であった。対談で日本を代表する大女優は、金権政治に痛烈な批判の矢を放ったが、三木はロッキード事件に前向きに取り組む姿勢を、明言していた。

しかし、この対談の後、ロッキード事件の真実究明のために、フォード米大統領へ資料提供を要請したことから、党内の「三木おろし」に遇い、総辞職を余儀なくされる運命にあった。

半世紀に及んだ自民党政権に照らして、鳩山政権が政治と金の問題で、無惨な崩壊をしたのは、当然の帰結だったと言える。

政界は計り難い世界であることを、あらためて知った。

（南信州新聞・日付不詳）

快楽主義者・団鬼六との交遊

——辿った道は〝水と油〟だったが……——

けったいな縁

ＳＭ界の大御所——悪魔文学《ロマンノワール》の巨魁《きょかい》として知られた小説家・団鬼六が死去した。朝日新聞をはじめ、大新聞が紙面を割いて、その死を報じていることから、関心を持たれた方がいるかと思うが、私はこの団鬼六と二十代の半ばから親しい間柄だった。

同郷出身の岡村二一が創刊した東京タイムズ社の出版局から、三年足らず発行されていた映画雑誌編集部で、わずかな期間一緒だった因縁である。

彼が二十四歳、私が一つ年上の二十五歳の頃で、「追試験で関西学院大学をやっと卒業したんや」と称し、洋画と軽音楽を扱うバタ臭い映画雑誌へ、翻訳要員として入ってきたのである。黒岩幸彦が本名だった。

　彼の自伝『蛇のみちは』には、私と知り合った時の第一印象を、イカヅチ頭の軽薄な小男と、名前を間違えて戯《ふざ》けた筆づかいで次のように書いている。

「このイカヅチ頭で、どことなくおっちょこちょいの感じがする小男が、後の週刊大衆の編集長になった塩沢正信《（ママ）》であった。

　私はこのスターストーリーにいたのは結局、三カ月だったが、その期間に随分とこの人には世話になり、酔っ払っては彼の下宿に泊まりこんでいたものだ。彼が週刊大衆の編集長になった時、すぐに彼から私の所へ直接、原稿依頼が来て、私はその週刊誌に一年間連載随筆を書かせてもらったが…」

　この後につづく文章がまた痛烈だった。

「私と初めて逢った頃の塩沢氏は何の才気も感じられぬ阿呆みたいな男で…」

　読みようによっては、愚弄されたボケ役の形なしの体《てい》だ。が、私もまた彼を、落語家風情の軽薄な男（?）と見下して、団鬼六のペンネームで「オール読物」「小説新潮」に奇才を発揮する時代になってもなお「黒岩クン」と呼んでいたのだから、お互いさまである。

　関西育ちの黒岩は、大阪なまりの巧みな語り口で、話題の対象をカリカチュアライズするのを常としていた。上京後に世話になっていたのが妹のジャズ歌手・黒岩三代子で、美貌の彼女は映画にも端役で出ていた。

　兄の語りによると、次の通りになる。

江利チエミと高英男の対談のあとで。後列右から若き日の団鬼六と著者。

「妹は、字幕で監督の前に出ている女優だす。ある時、映画に出演したと言うので、親戚、知人一同で映画館に押しかけたんやが、何回見ても妹は出ていらはらない。後で聞いたら『傘で顔を隠して、さっと通り過ぎる女がいたでしょう。あれが私です』といいくさって…」

二人が加わった映画雑誌の編集長は、昭和二十年代中ごろに倒産した八雲書店にいた男だった。同社は遣り手の中村梧一郎が創立した出版社で、平野謙、荒正人、小田切秀雄ら七人の文芸評論家の同人誌「近代文学」を発行したり『太宰治全集』を刊行するなど、文芸と読物雑誌では一時期、華やかな活動をしていた。

その男は、同社で映画雑誌を創刊したが、ほどなく倒産するや、ドサクサまぎれに商標権を横領し、戦後いち早く出版界を席巻したロマンス社創業者の熊谷寛に渡りをつけてきたのである。熊谷も二十六年ロマンス社を倒産させ、婦人世界社を設立したものの、同社も一年足らずで行き詰まり、東京タイムズ社に出戻って次のたつきを物色していた。

熊谷家の居候で倒産寸前、学生アルバイト風情でロマンス社に入社し、さらに婦人世界社の編集部に働いていた私も、出戻りの連れ子同然の身で、東京タイムズ社に潜り込んでいたのである。

「東京タイムズ」は熊谷寛の命名で、熊谷が岡村二一を唆して（?）創刊し、当初は発行人となり、半年後に懸案の「ロマンス」を創刊して独立した経緯があった。

阿呆同士の友情

映画雑誌の編集室は、当初、練馬区江古田の熊谷家の離れにおかれた。居候時代、私が一時、起居していた部屋である。

黒岩幸彦は、妹の知り合いの紹介で熊谷寛に拾われ、三カ月間は準社員の形で給料はなし、そのかわり原稿用紙一枚につき二百円の翻訳料をもらうという条件だった。

自伝『蛇のみちは』で彼は、次の通りに書いている。

「三カ月間は月極めいくらの交通費だけをもらって江古田に通い、社長宅の日本間を改造した事務所の中で、外国雑誌と辞書を片手に終日睨めっこをするという面白くない仕事である。」

この面白くない地味な仕事に加えて、黒岩を腐らせたのは、編集長の下種《げす》な言動だった。

「ハッタリ屋という言葉が大阪にはあるが、山田というこの映画雑誌の編集長は、正にこのハッタリ屋で、自分は学のある人間だという事を部下の編集者に見せつけようとする妙な癖がある。（中略）こいつは底抜けの阿呆だと最初から私は見くびるようになった。」

黒岩は、何かの口実を求めて編集室から脱け出す算段に余念がなかった。その彼の眼に私がクローズアップされたらしい。

「塩沢氏は今日は江利チエミを取材するとか、越路吹雪を取材するとかいって毎日、忙しくかけずり回り、終日、机の前で面白くない翻訳をさせられている私は、そんな彼をうらやましく思っていたが、ある日の朝、出社した彼は、今日は新東宝の有力な新人を取材するのだといって、（中略）その新人というのが、新東宝の高島忠夫と中山昭二、それからゲストとして新東宝の司葉子であり、それを新橋の料理屋の二階へ招待して、色々と雑談する事になっている…」

黒岩は私のこのスケジュールを聞いて、

「高島忠夫と大学時代の親友ですねん。ワテも連れてってくれまへんか」

と、頼んできたのだった。

「『ああ、いいとも』

と、塩沢氏はすぐ承知してくれて、編集長の未だ現われぬ事を幸いにすぐ彼のあとについて外へ出た。

新人スターを招待してある料理屋へ向かったのだが、高島忠夫や中山昭二など、新東宝を代表する若手スター達は、もうすでに来て何やら雑談の最中だった。

『何や、お前、東京へ来とったんか、阿呆』

『久しぶりやんナ、阿呆』

五年ぶりに再会した高島忠夫と私がまずかわした挨拶はこんな調子で、阿呆が最後につくのは相手に親しみをこめているからで昔の習慣なのだが、横で聞いていた塩沢氏はびっくりした表情になっていた。」

ところが、黒岩幸彦は編集長の目を盗んで、私と歌手やスターの取材に出歩いていたことがバレたのと、奴の病的な吝嗇《りんしょく》さ、卑劣な人となりに愛想づかしして、辞表を叩き付ける仕儀となった。しかし彼と私はその後も酒席を重ねた。私の下宿先は編集室に近い武蔵野音大の隣だったが、街で飲んで酔っ払っては泊まってもらっていた。

三年後、文藝春秋の「オール讀物新人杯」に『浪花に死す』が佳作入選。翌三十二年には『親子丼』が入選するという、端倪《たんげい》すべからざる才能を秘めながら、私とのつきあいの中で、黒岩はその片鱗すら見せなかった。

第一、私の下宿に来て、書架に並べられた文芸書の背表紙を一べつだにせず、ワイ談はしたものの、SMのウンチクの披瀝もなかった。

その彼が、黒岩松次郎の名で純文学を、さらに悪魔文学《ロマンノワール》の巨魁・団鬼六その人と知るのは、週刊誌の編集長に転じた後だった。

この間、黒岩が新橋に開いた「34」というバーに招かれて飲んだり、新宿コマ劇場裏に開いたバー、近くのオカマバーに誘われるなど、間歇《かんけつ》的なつきあいは続けていたが、おどろおどろした団鬼六のペンネームで「奇譚クラブ」や「裏窓」に、悪魔文学の古典的評価を定着させる一大傑作『花と蛇』等を書いている事情には疎かった。

私が週刊誌の長を担った昭和三十年代は、麻雀だのSMプレイは一般社会から蔑みの対象でしかなく、ましてそれをモチーフにした小説など、マイナーな奇譚か地下文学の評価しか与えられず、むろんメジャー誌からはお呼びはかからなかった。

いまにして格好をつけ〝今日の異端な明日の正統〟と言う私だが当時は稿料も弾めず、

アイデアも貧困で一流作家の門は叩けなかったのだ。そこで団鬼六、阿佐田哲也、川上宗薫、大薮春彦といった異端視されていた作家を起用、エンターテイメントに充ちた小説や読物、さらには特集記事を掲載することで実売部数アップに腐心していたのである。

黒岩幸彦から黒岩松次郎を経て、団鬼六に変身をとげていた二十年来の友には『隠花植物群』の連載を直に頼みに行き、彼を感激させた。稿料は類誌の半額に充ない廉さであった。数年ぶりに逢った暗黒文学の大御所は、三浦半島の三崎の中学校で英語教師をしていたと語り、昔と変わらぬ気さくで用談がすむや、

「先輩、いっぱいやりまひょか」

と、右手で杯を上げるしぐさをした。

以来、彼は年に一、二度、団鬼六主宰の集いに招待してくれ、昔に変わらぬ友情を寄せてくれた。

「快楽なくして何が人生」の主張のまま生きた団鬼六と、野暮な道を辿った私とは〝水と油〟の感がある。

しかし、馴れ合いで貶しあっていても、不条理な時代を共にした二人の間には、いたわりの友情があった。

（南信州新聞・平成23年5月15日）

半藤一利『日本のいちばん長い夏』の真相
―六十五年目の八月十五日に寄せて―

ドラマ化された国辱の日

六十五回目の〝日本のいちばん長い夏〟がやって来た。大日本帝国を僭称《せんしょう》していた日本の国辱の日―八月十五日である。

ＮＨＫハイビジョン七月三十一日では、夜八時から二時間このタイトルで戦争に敗れた夏に何があったのかを、ドラマ化し放映した。ドラマを見た人々は国の中軸にいた者たちの、あまりの無為無策さに唖然とされたにちがいない。

ドラマ化の元になったのは、元文藝春秋編集者で、〝昭和史の語り部〟半藤一利がまとめたマンモス座談会だった。

「文藝春秋」昭和三十八年八月号に掲載された特集座談会で、出席者はなんと三十人！敗戦当時、政治や軍の中軸にいた人から、最戦線で戦い、捕虜となっていた者、獄中十八年の思想犯、沖縄戦の従軍看護婦などだった。

会田雄次、有馬頼義、池部良、今村均、大岡昇平、扇谷正造、酒巻和男、迫水久常、志賀義雄、徳川夢声、松本俊一、村上兵衛、吉田茂…現在でも知られた著名人の名を記すとこんなところだったろうか。

昭和三十八年の夏、誌上参加二人を含めて三十人の中で、今も生き永えているのは、九十八歳の南部伸清（戦争当時・潜水艦長）九十四歳の池部良（パルマヘラ島守備隊）八十九歳の上山春平（回天特攻隊）八十三歳の楠政子（沖縄白梅部隊看護婦）の四人に過ぎない。

座談会記事とは、ある話題について卓を囲んでフランクに話し合い、新聞・雑誌などに掲載するため、編集者によって速記または録音原稿をもとに整理される記事である。

雑誌に初めて登場し注目されたのは昭和二年、菊池寛の発案により彼の創刊した「文藝春秋」三月号に所載された。徳富蘇峰を中心に、菊池寛、芥川龍之介、久米正雄、山本有三の座談会だった。

御大が発案したこの形式は好評で、以来、「文藝春秋」のお家芸のようになり、幾多の名座談会を生んできたが、通常出席者は数名どまりであった。その程度の人数でも、一、二時間話すと膨大な量になり、原稿にまとめるには、多大なテクニックを必要とした。

それを、三十人（誌上参加二人）のマンモス座談会を、東京五輪の前年に企てたのは文藝春秋編集部の〝戦争おたく〟半藤一利だった。昭和史の戦前にこだわりをもち、太平洋戦争をひたすら調べているから、社内では「半藤ではなく反動」呼ばわりをされていた。

その彼が言いだしっぺとなって、マンモス企画に挑んだのは、前号でオリンピックで活躍したエースたち二十六人を集めて、誌上で名場面を回想・再現させた座談会「オリンピックの英雄たち」が好評だったからである。

出席者は村社講平、遊佐幸平、兵藤秀子（旧姓前畑）、織田幹雄、古橋廣之進、小野喬らであった。初参加のストックホルムから、東京オリンピックまでの五十年、汗と涙にぬれた激闘のかげの感動物語だった。

しかし、この大座談会にはからくりがあった。オリンピックごとに数人ずつを集めた座談会を五回くらいやって、さも全員が一堂に会したようにまとめたものだった。

戦争は遠い過去か

半藤一利は、座談会を受け持たされ、あらためて敗戦の舞台裏を調べてみた。日本のいちばん長い夏となった昭和二十年八月十五日の動きは、主に陸軍、海軍、宮城、放送局の四つに収斂《しゅうれん》できた。

まず、四つの関係者から候補を選び出し、さらに海外の舞台、アメリカ、ソ連、中立国のスウェーデンにいた外交官。それに前線に従軍していた兵士、捕虜になっていた人たちの中から出席者を集める算段をとった。出席交渉をしてみると、快諾されて誌上参加の二人を退く二十八人が、料亭「なだ万」の大広間に顔を揃えることになった。

当日、座談会は四時間の超弩級を予定していた。が、五時間に及んだ。出席者の顔ぶれからみて、激論を覚悟していたが、彼らは冷静で他人の話を実に熱心に聞く態度だった。

司会を担当した半藤は、一同が冷静だったとして、次のように回想している。

「たとえば、ソ連大使だった佐藤尚武さんが、『私はソ連は必ず参戦すると何遍も電報を打ったでしょう』と言ったら、外務省次官だった松本俊一さんが、『受け取ってない』なんて言う。そんなバカな話があるか、と佐藤さんが怒るかと思ったら、『そうか、そんなに本省はゴタゴタしていたのか』ぐらいで終わっちゃった」。

このマンモス座談会をテレビ・ドラマで再現するには、出席者のキャスティングを決めなければならない。

内閣書記官長だった迫水久常には、国際弁護士の湯浅卓、日本共産党幹部だった志賀義雄にはジャーナリストの田原総一朗、作家の大岡昇平には少壮学者の林望、内閣総合計画局長官だった池田純久には、ジャーナリスト鳥越俊太郎、徳川夢声には落語家立川らく朝、敗戦時補充兵として召集されたジャーナリスト扇谷正造一等兵には、ＮＨＫアナウンサー松平知定といったユニークなキャスティングになった。

田原、鳥越、林、松平らは、テレビによく出て知られているだけに、彼らが扮した獄中十八年の志賀義雄、『レイテ戦記』『俘虜記』の戦争文学の第一人者大岡昇平、あるいは驕慢な態度の扇谷正造のイメージに、齟齬《そご》をきたすところがあった。

しかし、俳優は当然として、ジャーナリスト、作家、弁護士、落語家、料理研究家たちは、それぞれの役を熱演していた。

当日の朝日新聞の「試写室」は、次の通りに書いていた。

「座談会そのものは、新事実も多く、反響を呼んだ。いま映像化する意味は？ そう考えていて、発言しない時の参加者の表情に、黙して死んでいった幾多の人々の思いを感じた。発言の重さと沈黙の重さ。映像ならではの力だろう。

ただ、読者も戦争体験を共有していた時期の網羅的な座談会を戦後65年の子供や若者に伝えるには、もう一工夫ほしい。」

たしかに、戦争を知らない世代に戦争の意味を伝えることは難しい。半藤一利も十数年前、ある女子大の講師をやったとき、学生五十人に「太平洋戦争で日本と戦争をしなかった国を、次の五つのうちから一つあげなさい」と、アメリカ、ドイツ、ソ連、豪州、オランダの国名を並べたところ、アメリカにマルをつけた女子学生が十二人。正解のドイツと答えた者が十三人ぐらいだったという。

その上、アメリカと答えた者の中には、

「それで、どっちが勝ったんですか」

と聞いたとか。

現実路線の成果

半藤一利は、いまや昭和史を語らして彼の右に出る者はいない。

厖大な著書を持ち、『昭和史』『昭和史　戦後篇』で毎日出版文化賞特別賞を受賞したほか、夫人の祖父にあたる『漱石先生ぞな、もし』で新田次郎文学賞、『ノモンハンの夏』で山本七平賞も受賞している。

私はこの昭和史の碩学《せきがく》と、十数年前の平成六年三月二日、ＮＨＫ教育テレビ、ＥＴＶ特集「日本を作った日本人」の菊池寛をめぐって対談したことがあった。

浅学菲才の私が、ＥＴＶ特集などに引っぱり出されたのは、菊池寛の創刊した「文藝春秋」を、戦後、国民的雑誌へ躍進させた名編集者池島信平の評伝を書き、文藝春秋から上梓していたからだった。

池島は昭和八年、同社の第一回公募入社試験を受けて、数百倍の競争に勝ち入社しているが、終生、菊池寛を崇拝し編集者の手本としていた。私はこの池島信平の評伝をまとめた後、菊池寛の伝記も書いてみたいと、当時健在だった未亡人へアプローチを計ったが、「今さら、思い出したくもありません」

と、孫の夏樹を通じ婉曲に断わられていた。

かなりの資料を集めていて、当時菊池寛の周辺を語れる自信はあった。

手もとに、対談当日の朝日新聞「試写室」のキリ抜きがあるので、それを転写すると次の通りである。

「最近は政治家をテーマにすることが多かったが、今回は菊池寛を取り上げる。今年四月号で千号を迎える総合雑誌『文藝春秋』を創刊した雑誌ジャーナリズムの騎手としての側面に、近代史研究家半藤一利さんと出版ジャーナリスト塩澤実信さんの対談で迫る。

『文藝春秋』の創刊は一九二三年(大正十二年)一月、同年九月に関東大震災で休刊して、『生活第一、芸術第二』を痛感した菊池は、十二月から現実主義的な企画を中心とした雑誌に変身させる。ルポや体験記、座談会などの手法はこの時に生み出された。また、芥川、直木両賞の創設などにもアイデアマンぶりを発揮する。

(中略)

景気打開策に関する座談会を開いたり、東京の不作をリポートしたり、そのまま現代の雑誌やテレビに通じる手法を考え出した菊池。二人が語るように、もしいま生きていたら、何をしたのか、と興味深い。」

昭和史に通暁《つうぎょう》する半藤一利が、東京オリンピックの前年に、マンモス座談会『日本のいちばん長い日』を文藝春秋誌上で展開したのは、菊池寛、池島信平といったすぐれたジャーナリストのDNAを濃厚に受け継いでいたからにほかならない。

曲りなりにも平和裡に六十五年目を迎える敗戦記念の八月十五日――。映画とテレビで『日本のいちばん長い夏』が取りあげられているのも、宜《むべ》なるかなである。

(南信州新聞・平成21年8月)

松下宗之（朝日新聞元社長）と母校の優勝
─定時制から東大・マスコミ最高峰へ─

同窓生のバックボーンに

昭和二九年、飯田長姫高校、春の甲子園選抜大会の優勝は、山間の小都・飯田を全国に一躍知らしめたのをはじめ、市民を勇気づけ、学校の誇りとなった。大正末期に開校以来、一万数千人の同窓生を擁していたが、全国制覇の快挙はここに学んだ者たちの精神的骨格《バックボーン》を形成させた感があった。

心の支柱《ささえ》を得た一人に、飯田長姫の定時制に学び、現役で最難関とされる東京大学にストレートで合格した松下宗之《むねゆき》がいた。

彼は太平洋戦争末期の昭和二〇年三月一〇日、東京下町の大空襲で歯科医の父を喪《うしな》い、母親兄弟たちと父の出自《しゅつじ》の地、伊那谷へ疎開して来て、病弱な兄と家計を助けるために、下伊那地方事務所の雇員と町の印刷所のアルバイトを兼務しながら、定時制に学んだ苦学生だった。昭和二九年春卒業の五回生である。

その松下宗之が学んだ全国では無名に近い母校が、春の選抜で全国優勝したのである。彼はこの快挙に、真っ向に生きる勇気を与えられた思いだった。

「母校のチームが初出場にもかかわらず優勝した……。〝無欲の勝利〟と評された、その経過がひたすら前を向いて、ひたむきに生きることを教えてくれた。無名であることは、何ものにもとらわれる必要のない強さに通じます。失うもののない強さといってもよいでしょう。習慣や形式に拘束されぬ奔放《ほんぽう》自由な創意や人の顔を気にせず行動できる力でもあります。つまり、自分のベストをつくしたと満足できれば、あとはどんな結果が出ようとも、『これでもともと』と割り切れるしたたかさといえると思います」。

このように述べる松下は、東大卒業後、コネも金も必要としない朝日新聞社に抜群の好成績で入社し、山形支局を振り出しに、本社に戻って政治部に配属され、編集委員、政治部長、編集局長と累進《るいしん》。常務、専務を経て社長へと出世したのだった。

伊那谷の定時制から、ストレートで東京大学に合格するのが神わざに近い快挙であるのに、なお天下の朝日新聞社に入社を果たしたこともみごとで、さらに編集局長を経て社長に昇りつめたのは、百余年の歴史を持つ新聞社でも空前だっただろう。

謙譲の人であった松下は、自らの肩書や地位を誇る素ぶりは微塵もなかったし、屈折した思い出につながる飯田を忌避するところもなく、この街に寄せる心情は深かった。

定時制で同級だった竹下孔は、そのあたりを次のように語っている。

「昭和二八年の秋、私は都立高校に転校しましたが、翌二九年に松下氏は東大生として私の前に現れ、東京での再会となりました。翌年私も中央大学に入学し、その四月『竹さん、お互いに角帽《かくぼう》を被《かぶ》って飯田へ帰ろう』ということになり、天龍峡の桜を見物に行ったことも懐かしく思い出されます。

お互いに貧乏学生でありながら、不思議に酒を飲む金は何とかなり、本郷の西片町から池袋の飲み屋街によく足を運んだものでした」。

怪童松坂投手に優勝楯

松下が朝日新聞社へ入社し、東京本社勤務となってからは多忙さが加わる一方だった。

「しかしながら、このような超多忙の中にあっても長姫の同期四名（氏を含め、吉川廣邦、遠山知巳両氏と私）の会合には、欠かさず出席していました。銀座一丁目の『卯波（俳人鈴木真砂女が女将《おかみ》、但し平成一五年三月一四日、九六歳で没）』を二〇年近く定番とし、何時も談論風発《だんろんふうはつ》、時には女将に叱られ、また時には話が飯田に及ぶと涙を流すこともあったが、当時社長秘書を勤めておられた木村元政治部長は『社長が長姫の皆さんに会う日は、本当に嬉しそうでしたよ』と伝えてくれました」と竹下。

松下は、長姫時代の同級生が訪ねて来ると、多忙な時間をやりくりして喜んで会っていた。彼らの中には、大新聞社のトップとなった松下社長に高校時代そのままに「おい、松下クン」と、ぞんざいな口をきく者もいた。が、温厚な彼は旧友の粗雑な言動に笑顔で応答していたという。

苦労して学んだ飯田長姫高校の定時制の友は、何ものにも変え難い宝だったのだろう。その宝とともに、伊那谷から選抜高校野球大会に初出場して、並みいる強豪を薙《なぎ》倒して全国の覇者となった母校が誇りだったと考えられる。

出場したナインは、地元飯田と近郊の村の出身者ばかりで、戦時下に少年期を過ごした彼らの身長、体重は中学生並みだった。その上、寒冷地で冬の練習はできないので関西や四国、九州の学校に比べて格段、実力が低いと思われていた。幾重ものハンデキャップを跳《は》ね除《の》けて、優勝候補の下馬評高い強豪を連破し、〝奇跡〟のひと言で括《くく》られる優勝校となった——松下宗之の辿った足どりに重なるところがあったと見るのは、牽強《けんきょう》附会《ふかい》にすぎるだろうか。

その松下は、朝日新聞社の社長になって、平成一〇年八月の夏の甲子園で優勝した横浜高校の超弩級投手松坂大輔《だいすけ》に、全国高校野球選手権大会委員長として、優勝楯を手渡し、ガッチリと松坂の手を握ったのだった。松坂は、横浜高校が甲子園で春夏を制覇した原動力の逸材で、高校を出るやすぐプロ野球の西武に入団し、みごとな活躍をした後、平成一九（二〇〇七）年アメリカ大リーグのポスティング入札で五一一万ドル（約六〇億円）の

平成10年、夏の甲子園で優勝校横浜高校にメダルを渡す松下宗之朝日新聞社長。

最高額を示したレッドソックスに入団した。

子どものころからの夢だった野球本場のメジャーのマウンドに立った松坂投手は、この年ローテーションを守り、世界一の栄誉に輝いた。そして二年目の今季、開幕のレッドソックスとアスレチックスの公式二連戦が日本で開催され、松坂はその実力を日本ファンに見せつけたのだった。

それはさておき、松下宗之が甲子園の夏の大会でこの松坂投手に優勝旗を手渡したのは、死去に先立つ半年前のことだった。

感激のシーンを撮った写真は松下家から飯田長姫高校に寄贈されて、同窓会育友会館の玄関に飾られているが、ポロシャツ姿で松坂選手の左手をガッチリ握る松下社長の後姿には、半年後に迫った運命の片鱗《へんりん》すら感じさせていなかった。

実は、この年の夏、東京は銀座の馴染みの店で、松下社長と旧交をあたためあったのが、SBC信越放送社長（当時）の塩沢鴻一だった。塩沢は飯田の出身で信濃毎日新聞社の副社長を経て、放送界に転じていた。松下宗之との交友は、朝日の前社長中江利忠の仲介ではじまり、同郷、同窓、同業という関係から肝胆《かんたん》相照らす仲となっていた。

塩沢が、松下と突如、銀座で会うことになったのは、先輩塩沢からの誘いだった。

「電通の役員と銀座で会ったときに、二人だけでは盛り上がらないからと松下社長に声をかけたんだ。喜んで来てくれてね。カラオケを歌ったりしたが、体調が悪いなんてまったくかんじさせなかったよ」

今生の別れとなった銀座の一夜を、塩沢鴻一は私にそう話してくれている。端目《はため》には、身体《からだ》の違和感を感じさせなかったが、本人は自覚していたかも知れなかった。

しかし心くばりの人は、同じマスコミに働く先輩で、飯田長姫に学んだ同窓生に万障を繰り合わせて会いに行ったのだろう。

松下宗之とは私も二度会っていた。飯田市長田中秀典《ひでのり》の招きで、在京の飯田出身マスコミ関係者が新宿の三平に集まったとき、名刺を交換しあっていた。松下は、当時、編集担当常務だったが、政治部記者上がりの臭みや、鼻持ちならないハッタリ癖を寸毫《すんごう》も感じさせない温容な人だった。

あるパーティで二度目に会ったとき飯田に触れると、定時制高校時代の級友たちの温かい心くばりを深く感謝していた。そして昭和二九年春の選抜高校野球で〝小さな大投手〟を擁した母校が、ミラクルの優勝を遂げた快挙に言及して「あの優勝が私の人生の大きな励みになりました」と穏やかに語ってくれた。

仕事柄、松下社長とはまた会う機会があるだろうと考えていて、朝日新聞社が二十世紀末に創刊した『週刊20世紀』の創刊記念パーティがそのチャンスの思いがあった。

惜しみある急逝

迂遠《うえん》のそしりを承知で『週刊20世紀』の内容を説明すると、この企画は二十世紀を総括する一〇〇年間の記録を、クロニクル的に一〇〇冊の冊子に収《おさ》めるものだった。「朝日新聞創刊120周年記念出版」を謳《うた》い、第一期を敗戦の一九四五年からスタートして、バブル経済のはじけた八四年までの四〇年間、第二期が明治三四年の二十世紀はじめから、大正時代を経て昭和一九年（一九四四）までの四五年間、第三期が昭和六〇年（一九八五）から世紀の終焉《しゅうえん》までの一五年間に区分していた。

紙面の構成と特色は、朝日新聞社が一二〇年間に蓄積した厖大《ぼうだい》な写真資料から選りすぐった一万七千点から、話題のスナップや年表などを入れ、激動の世紀を政治・経済・文化・事件といった各ジャンルの流れに沿って、通史的に辿る大企画だった。

私の執筆はコラム「活字の周辺」の連載だった。各年度のベストセラーや創刊誌、出版史上に残る話題の本をエピソード風に綴っていく仕事で、毎号、とりあげる本や雑誌の表紙をカラー写真で添える注文になっていた。

その程度の出版物は、厖大な資料を持つ朝日新聞社に、きっちり収蔵されているかの思いがあったが、あにはからんやほとんど散逸《さんいつ》していた。特にベストセラーものは、たくさん出たが故に資料的価値が薄いとみられ、図書館は無論のこと、まともな古書店には並べられてなく、たとえあっても「一山一〇〇円」といった雑本の山の中に、見るも無残な姿で埋もれていた。

『ベストセラーの光と闇』『昭和ベストセラー世相史』など何点かのベストセラー周辺を辿った拙著を持っているが、それらの本を書くに当たって神田神保町の古書店を探り歩いた時、ある老舗の書店主に、往年のミリオンセラーの書名をあげて在否をただしたところ、「そういう本は場末で探したらいいでしょう。この町ではベストセラーなどゴミですからね」と吐きすてるように言われたことがあった。

一時代を画した話題の本やマス・マガジンは、大量に刊行されたが故に古書市場から消え、愛書家の書架にも、「ベストセラーに良書なし」のリゴリズムで、架蔵されない類《たぐい》だったのだ。

この皮肉な事実は、『週刊20世紀』の「活字の周辺」をまとめる上で、きわめて困難な条件を私に強いることになった。一等資料としての話題の本、雑誌がないことには、年度ごとのコラムのまとめようがないのである。

次善の策として、戦前のものは高価な復刻本を利用したり、雑誌関係は厖大な〝雑草文庫〟大宅文庫を活用する手があった。が、戦後の話題となった本、例えば森正蔵著『旋風二十年』や、いまや古典的な価値を高めている『きけ　わだつみのこえ』の東大出版会刊行のオリジナル本の入手は至難であった。

ことのついでに書くと、『きけ　わだつみのこえ』は、飯田通町の豪商だった「板屋」の血を引く櫻井恒次が、刊行に深いかかわりをもっていて、「あれがあのような形になる前に、実は『はるかなる山河』（東大戦没学生の手記）だった」と、彼は自著『生き残ったものは何をすべきか』で書いている。

『週刊20世紀』の執筆には、このような経緯で苦労があった。

しかし、日本を代表するジャーナリズムの旗頭《はたがしら》・朝日新聞社の記念碑的出版物に、たとえコラムでも連載を依頼された喜びは小さくなかった。それにも増して、同社社長が同窓生の松下宗之であることに、大きな誇りを持っていた。『週刊20世紀』の創刊記念パーティは、平成一一年一月二九日午後六時から、朝日新聞社新館で行われた。松下社長は当然、出席されるものと楽しみにし、短い時間でも旧交を温められるの思いがあった。

ところが松下社長は顔を見せないままだった。ひそかに肺癌の噂が流れていて、すでに入院されていたのである。

松下社長の惜んでもあまりある急逝は、創刊パーティの旬日《じゅんじつ》の後であった。人生の不条理を痛く感じさせる衝撃のニュースだった。

信越放送の塩沢鴻一先輩に私が会ったのは、松下社長の死の三か月後であった。前年の夏、銀座でカラオケを歌ったことを、しみじみ語った先輩は「いい人だったねぇ。僕は松下氏の死に、本当に力を落としているんだよ……」とつけ加えたが、塩沢鴻一の嘆きは、長姫の丘に学んだ多くの同窓生の胸に、深く通じるはずだった。

——合掌。

（平成20年「飯田の昭和を彩った人びと」一草社出版）

文豪井上靖の気くばり

昭和を代表する〝国民的作家〟井上靖が八十三歳で長逝されたのは、平成三年一月二十九日だった。昭和二十五年『闘牛』で芥川賞を受賞した後、毎日新聞記者をやめて作家生活に入り、以後、西域もの、歴史もの、詩、中間小説と、あらゆるジャンルですぐれた作品を発表。文学に関する国内の賞という賞を総なめした。ノーベル文学賞候補にも上ったほどの作家だった。

私はこの大作家の初期の頃の作品『猟銃』『闘牛』をはじめとする短編、『黯い潮』『射程』『氷壁』『天平の甍』を経て、西域ものの『敦煌』『楼蘭』『風涛』『蒼き狼』『おろしあ国酔夢譚』、そして晩年の枯れた作品『本覚坊遺文』『孔子』など、その尨大な井上文学の森を逍遥し、リリシズムにあふれた文体に酔い、西域や北方騎馬民族に寄せた氏のロマンティシズムに、心をゆさぶられつづけた。

昭和の末期に、西安から蘭州、酒泉、敦煌、トルファン、ウルムチといったシルクロードの旅をしたのも――井上文学に陶酔した至福の読書体験が、心の中に燠熾《おき》のように埋もれていて、その熱にせきたてられたからだった。

幸運にも、私は、心から崇拝する井上靖に何回かお会いすることが出来、親しく文学論や西域へ寄せる思い、挫折していた青春体験をお聞きする機会をもった。

ご多忙な国民的作家に、一介の編集者上がりの私が何回も面晤《めんご》の機会をもてたのは、一つは『闘牛』のモデル小谷正一と、大森実を通じて昵懇《じっこん》であったこと、いま一つは、ソ連大使・外務事務次官を経て代議士となった、山田久就の政治活動雑誌の編集顧問をつとめた関係であった。

とくに山田との関係では、井上靖が第四高等学校の同級生であったことから、対談をお願いし、井上邸の応接室で二時間あまり、高校、大学時代、西域旅行の話をうかがうことができた。

井上はこの時、山田久就を「閣下」と呼び、哲学者西田幾太郎の甥である彼が、四高時代にたいへんな秀才であった思い出を、礼儀正しい言葉で話された。

たしか『おろしあ国酔夢譚』は、山田がソ連大使をしていた時、特別の配慮で取材が可能になったのだと語り、「閣下には、あのとき、たいへんお世話になりました」と、あらためてお礼を言っていた。

井上靖（右）と著者。

文学談義になると、外務官僚上がりの政治家には手に負いかねる面もあって、もっぱら私との対談に推移していった。井上はその間にも、山田の存在に気を配り、背後のガラス・ケースに収められた西域の出土品などの話題を入れながら、山田の話の出番を考えられていた。

井上は、ブランデーをグイグイと呷《あお》り、酔いも手伝って、山田と旧制高校、大学時代の思い出を実にたのしそうに話され、途中で夫人を呼んで話の輪に加わらせた。

夫人の父親は京都大学教授で、たしか骨格の権威の足立博士だった。井上はその岳父の大部の論文集の見返しに揮毫された漢文を読み下して、岳父の学者としての真摯な姿勢を熱をこめて語り、ふみ夫人に「ねえ、ふみ、そうだったね」と同意を促していた。

その岳父を敬愛し、係累や家庭を大切にする姿に、文豪の新しい魅力を発見した思いだった。

数年後の五十九年五月、東京で開催された「第47回国際ペン大会」の閉会式後、京王プラザホテルのエミネンスホールで行われた「さよならパーティ」の席で、お会いする機会に恵まれた。

井上靖は、日本ペンクラブ会長として、四十五ペンセンターからも六百二十三名（このうち海外のゲスト二百十九名）の参加者を集め、日本での国際ペン大会を見事にまとめあげたのだった。

五日間に渡った大会を終えて、十八日午後六時からさよならパーティは開かれたが、井上は疲れた様子もなく、夫人同伴で会場のゲストにねぎらいの言葉をかけて回られていた。

そこでお会いできて、数年前、山田久就とお邪魔に上がった旨を申し上げると、「ええ、よく憶えていますよ」と言い、夫人に私の言葉を伝えた上で、東京での大会が無事に終わったことを心からよろこばれていた。

井上は、当時、ノーベル文学賞候補に上っていて「受賞近し」の噂がしきりと流れていた。東京での国際大会の成功により、受賞実現への拍車はさらに強まった感が深かった。私がそのあたりのことをお伝えすると、井上は目を細めて、柔和な微笑の中に返す言葉をつつんでしまい、舞台でくりひろげられているあでやかな日本舞踊「藤娘」の方に視線を走らせて、「踊っているのは、服部さんのお嬢さんですよ」と、講談社会長服部敏幸に話題を転じてしまった。

日本ペンクラブの例会の席で、その後もお会いする機会はあった。が、会長を遠藤周作にゆずってからは、一、二度出席されただけで、会からは遠ざかってしまった。

敦煌を見た後で、もういちどお会いし、西域論から文学論をお聞きしたかった。

（平成12年「人形劇の街いいだ」南信州新聞社）

国民作家 司馬遼太郎の手紙

池島信平が結んだ縁

国民作家司馬遼太郎の死は、日本中に甚大な衝撃を与えた。文化勲章をはじめ、文学、芸術に関する主だった賞はおおむね掌中に収め、生み出した小説・評論・エッセイ・対談のことごとくがベストセラーとなっている作家だけに、その突然の訃報は多くのファンを悲しませるに充分であった。

死去以後、七十二年の業績、〝司馬史観〟でくくられる慧眼《けいがん》な史観につらぬかれた膨大な歴史小説や日本人論。さらに講演、対談、座談会については、新聞、雑誌上に続々と紹介されている。公平で寛大、あたたかな人柄については、司馬遼太郎を知る作家・学者・

編集者等によって追悼されていて、私がいまさら口をはさむ余地はない。

その身のほどを知りながら、私が司馬遼太郎を追悼させていただくのは拙著の『雑誌記者 池島信平』を通じて、国民作家の知遇を得、好意にあふれた解説と私信をいただいているからである。

池島信平は、菊池寛の創刊した「文藝春秋」を戦後〝国民雑誌〟に育てた名編集長であった。昭和二十年代の半ば、辰野隆、徳川夢声、サトウ・ハチローを起用しての座談会「天皇陛下大いに笑ふ」や、坂口安吾の「東京ジャングル探検」、林達夫の「共産主義的人間」などの卓越した名企画で、十数万部だった文春を、数十万部に伸ばした大先達だった。

四十五歳でフリーになった私が、出版の周辺の落穂拾いのような細々としたもの書きに転じ、十数冊の出版関係の書籍を上梓した後に、怖いもの知らずでとりかかったのが「文藝春秋」中興の祖・池島信平の評伝であった。

手はじめに、郁未亡人に取材協力をお願いすると、読書家の未亡人は拙著の一部を読んでおられて、きわめて好意的にさまざまなお話をしてくださった。その一方で信平の親友中屋健一東大教授、菊池寛の甥武憲、秘書だった佐藤碧子など、生前を知る多くの関係者の取材を重ね、その合間に郁未亡人詣でをつづけていた。

訪問が重なるにつれて、日記・私信の数々、婚前にとり交わした恋文などの一等資料を手にする幸運にめぐまれ、評伝としての形がととのえられていった。

一年あまり新聞に連載した上で上梓の運びになるが、池島が生涯を賭けた文藝春秋から、出版の打診があり、お願いすることにした。

出版にあたって、帯のキャッチフレーズを誰に書いていただくか、郁末亡人と話をすすめた。松本清張でも司馬遼太郎でも、望む作家は池島信平の生前の交際、「文藝春秋」の背景をもってすれば容易に可能だった。

私は、いちどは東大時代からの親友だった中屋健一か、西洋史学科の後輩で東大総長をつとめた林健太郎にお願いしてみようかと考えてみた。池島は、東大にのこっておれば教授が約束されていた秀才で、彼の心の底には学者への見果てぬ夢があった。

しかし、私信のたぐいを調べてみると、司馬遼太郎が編集者としての池島信平に深い信頼を寄せ、執筆の上の心やさしい励ましを受けて「涙が出るほどに有難かった」と文面を送っているのを知った。

司馬史観につらぬかれた歴史小説は愛読していたし、滋味豊かなエッセイ、対談にあらわれた寛大な人柄に魅かれていたから、この国民作家こそ、池島信平の評伝の帯の書き手には最高――と、文藝春秋の出版局を経てお願いすることにした。

超多忙の作家であったが、快くお引き受け下さった。が、司馬遼太郎は「信平さんのことを、数行の惹句ですませることはいやだ。もっと書かせてもらいたい」と、四千字にあまる心のこもった『信平さん記』を、拙著『雑誌記者　池島信平』の後に寄せて下さったのである。

大きな袋をつくった人

池島信平さんは、その風貌のように、ゴムマリのように弾んだ心を持っていた。どこの駅からだったか、ともかくもアムステルダムゆきの列車に乗りこむと、デッキにいた若いドイツ系の顔つきの男女にいきなり、「はねむぅん?」と声をかけた。それだけのことだが、相手がうなずいて笑顔になると、信平さんがかがやくように笑みくずれたのは印象的だった。私のあたまに池島氏コレスポンダンスということばがうかんだ。このことは昭和四十七年のヨーロッパ講演旅行に同行したときの記憶だが、期間中、毎日この精神の発光体のような人柄を見ているだけで楽しかった。(『信平さん記』より)

司馬遼太郎の『信平さん記』は、ヨーロッパ講演旅行の思い出から説き起こし、転じて昭和四十年ごろ、三重県を一緒に旅行したとき、伊勢松坂の宿で、朝風呂で一緒になった折りのことが書かれていた。

当時さほど親しくなかったので、共通の話題などはなく、ごくお座なりの話柄として、雑誌社の経営者としての菊池寛の偉さについてきいてみた。

「大きな袋をつくっておいてくれたことですね」

この表現がおもしろかった。(中略)

大きな袋という表現は、このひとが上司だった菊池寛に対するみごとな対応からうまれたもので、しつこくいえば、菊池寛をひとことでとらえているとともに、信平さん自身をもあらわしている。天賦のカンのよさや人懐っこさ、あるいは正直さといった資質が、みじかい菊池寛評のなかにすべて出ているのである。

信平さんは、菊池寛が好きだった。若いころ歴史読物の代作もしたようであり、それだけ愛され、認められもしていた。

「一生のしごととして、菊池寛伝を書こうと思っています」

と、この朝風呂の湯気のなかでいった。げんに、私どもと別れたあと、信平さんは菊池寛が好きだった蒲郡に寄ったはずだったが、伝記のほうはついに書かずじまいだった。伝記を書くなどという陰気なしごとをやるには、このひとはあかるすぎた。

司馬の『信平さん記』は、この後、池島が文藝春秋へ入社したいきさつから、文士きちがい説、歴史観を経て、葬儀に触れて終わっていたが、拙著の解説に寄せた内容とほとんど同じことを、九四年五月、文藝春秋に招かれた講演で語っていた。

その講演の枕の部分は次の通りだった。

きょうは日本に文藝春秋があってよかった、という話をします。だから大変褒める話になるから、あんまり照れくさい人は、今から出ていったほうがいいかもしれない（笑）。

ちょうど私の生まれた年に文藝春秋はできたんですが、戦後に本当の意味での出発があって今日に至っている。

だから、これから池島信平さんの思い出を中心に話したいと思います。

この後、次々に池島信平との国内国外旅行を通じて見聞したこの名編集者の人柄、才能、ものの考え方、見方を、エピソードを交えて語っていく。

私のまとめた評伝が、ある程度の下敷きの役割をはたしていたが、天衣無縫、談論風発の国民作家の表現となると、一つのエピソードに、幾つかの枝葉が生え、話題は大きく豊にひろがっていくのだった。

そして、ひろがった話題は、池島信平の「玲瓏玉のごとき性格」に収斂され「そこから文藝春秋が生まれた」と締めくくられていた。

国民作家からの私信

司馬遼太郎から、私信の形で懇切きわまりない長文の『雑誌記者　池島信平』読後感が寄せられたのは、上梓してほどない頃だった。

拙著に解説をいただいた上に、思いもかけない私信までをもらい、私は大きな感激を味わった。

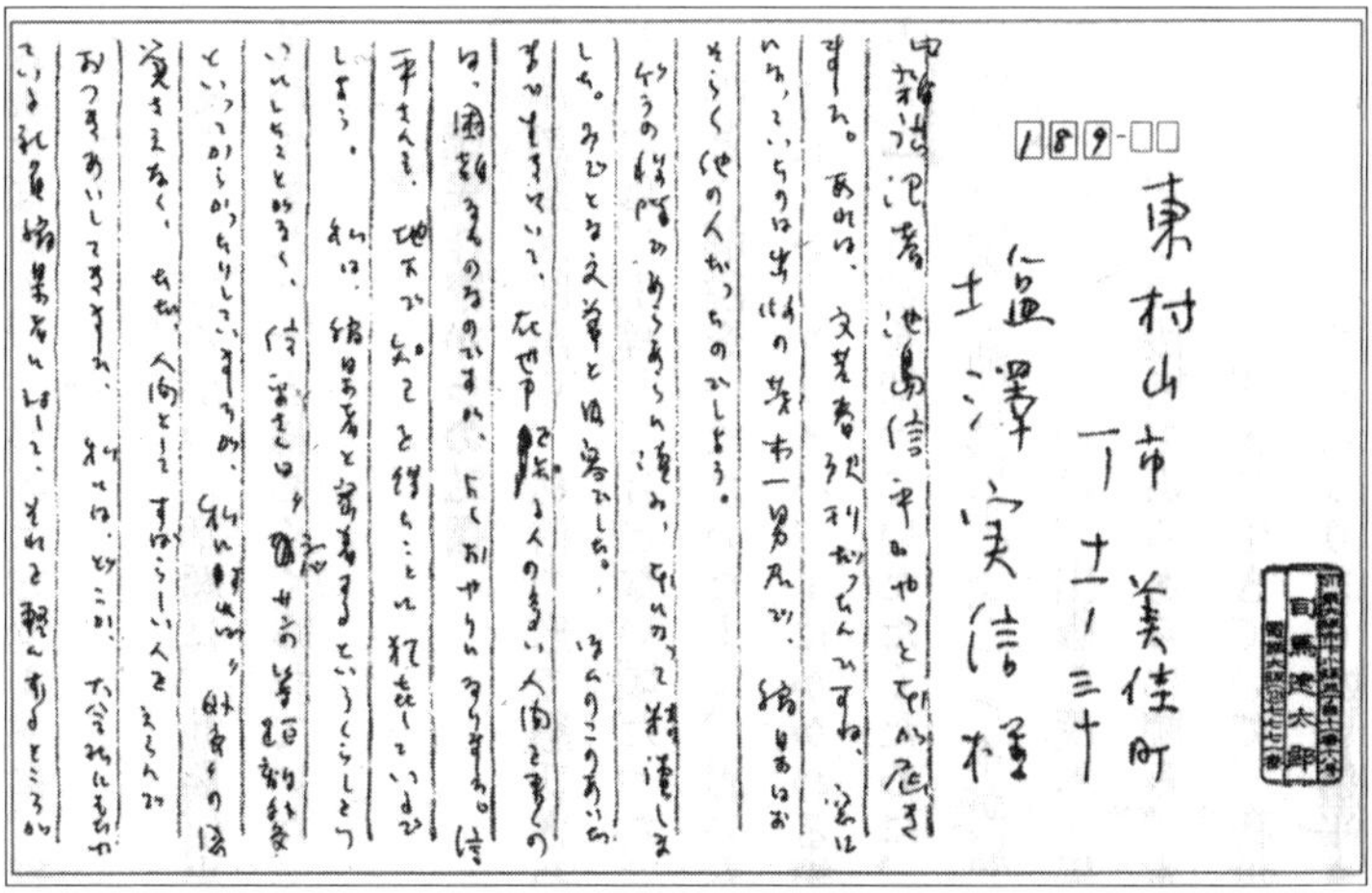

189-□□
東村山市美住町
一ノ十一ノ三十
塩澤実信様

司馬遼太郎

司馬遼太郎から著者あての私信。

これというプライバシーにかかわる箇所はみあたらないので、国民作家司馬遼太郎の寛容であたたかな人柄を知っていただくために、ここに公開してみたい。


『雑誌記者　池島信平』やっと本が届きました。あれは、文藝春秋刊だったんですね。窓口になっていたのは、出版の茂木一男で、編集はおそらく他の人だったのでしょう。

ゲラの段階であらあらに読み、本になって精読しました。みごとな文章と内容でした。ほんのこの間まで生きていて、在世中を知る人の多い人間を書くのは、困難なものですが、よくおやりになりました。信平さんも、地下で知己を得たことに狂喜しているでしょう。私は編集者と密着するという暮らしをついにしたことがなく、信平さんは〝シバサンの等距離外交〟といってからかったりしていましたが、私にすれば〝外交〟の感覚さえなく、ただ、人間としてすばらしい人を選んで、おつきあいをしてきました。私には、どこか大会社にもたれている社員編集者に対して、それを軽んずるところがあったのかも知れません。それとはちがい、信平さんは、まったく一人の自由業者でした（医師・弁護士と同じように）。

ただ医師・弁護士はクリエートする才能は必ずしも必要ではありませんが、編集者にはそれが必要で、しかもぜんぶがぜんぶそういう具合ではありません。そういう意味で、私には、編集者につねに不満がありました。池島さんは、そんなことまで見ぬかれて、右のようにからかったのだと思います。

池島さんには、ジェラシィというものがありませんでした。あのあかるさと、一枚とびぬけた感じと不離のものであったと思います。あとがきで、いい本の数枚をよごした観がありますが、私が感じている池島像の組成部分のほんの一部を書いていただけで、御本をよみおえてから、もっとたくさん書くべきだったと思ったりしています。その『めずらさしさ』についてです。私どもの時代は、カンブンの素読をならわされて、クンシ、ショージンなどという人間の区分けをアタマに、うえつけられたのですが、池島さんは、天衣無縫の感じすらある君子でした。小人の部分が奇蹟的なほどに見られない人でした。読後、自分の感じていた池島像にまちがいなかったことに、ほっとしました。あの人の可愛い弱点ともいうべき〝旧帝大趣味〟まで書いてくださって、みごとに造形化されました。以上、読後感のようなものを。

一九八四・一二・二

司馬遼太郎

便箋五枚に、闊達に書かれた司馬遼太郎のこれが全文である。一字一句に、名編集者池島信平への敬愛の念があふれた、私信であった。

末尾で「可愛い弱点〝旧帝大趣味〟」とあるのは、東京帝国大学に学んだ池島には、旧制高校を経て、旧制帝大に学んだ男性は、おしなべて優秀であるというステレオタイプの考えがあった。

戦時下、大阪外国語学校の蒙古語部に入った司馬遼太郎は、エリート校ではない専門学校の、それも蒙古語部という辺境語を学んだこともあって「帝大何するものぞ」の人知れぬバネが秘められていた。

司馬はアカデミックの世界や、官界、一流といわれる大会社では歯牙にもかけられない専門学校出の身で、殆んど独学で文学・芸術分野の主だった賞を総嘗めして、国民作家の高みに立ったのだった。それだけに、文中の旧帝大趣味には、鋭く感応したのだろう。

ただし寛容の人は「可愛い弱点」という気配りの表現で、私に読後感を寄せてくださったのである。

（平成12年「人形劇の街いいだ」南信州新聞社）

恩師布川角左衛門の言葉「ゆっくり急げ」

今日も亦生涯の一日である
明日を信じ共に歩もう
人にはそれぞれの生き方がある
ゆっくり急げ

標題にかかげた味わい深い箴言は、出版の師、布川角左衛門が、九十歳になられたとき、私に贈って下さった揮毫である。

——布川角左衛門、いかめしいこのお名前を見て、どのような方であるかすぐ判断はつけかねるかも知れない。

が、大手新聞の著名人の死亡欄に注意を払っている人には、平成六年一月三十日の夕刊か翌日の朝刊に、次のように報じられていたことを記憶されているだろう。

筑摩書房再建に尽力

布川角左衛門（ぬのかわ・かくざえもん＝筑摩書房顧問）29日午後1時25分、急性呼吸不全のため、埼玉県越谷市の病院で死去、94歳。（中略）岩波書店編集部長、栗田書店社長などを経て、79年、倒産した筑摩書房の管財人・代表取締役に就任し、同社の再建に尽力した。68年『日本出版百年史年表』の編さん等で菊池寛賞。

新聞に書かれていた布川氏の横顔は、ほぼこのようであった。

私はこの布川の晩年の十数年の間に、拙著への推薦の言葉をいただいたり、出版記念会の発起人をはじめ公私共にお世話になり、さまざまな教えを受けていた。

氏は、会うたびに「君、よくやるねえ、君の書いている物は、僕は切り抜いているよ。まだ若い、これからだよ。これからだ」と、しがない出版ジャーナリストの仕事に過褒とも思える評価を寄せて下さっていた。

布川氏と初めてお会いしたのは、昭和五十七年に上梓した『雑誌をつくった編集者たち』に推薦の言葉をお願いしに、うかがったときだった。

筑摩書房の社長室へお訪ねしたのだが、あの岩波書店の編集部長を退任後、出版関係の

前列布川角左衛門（左）と著者。

膨大な資料を蒐集し布川出版研究所を主宰しているという先入観と、いかめしいそのお名前からすごく気難しい先達を想像していた。

私はそれまで長年週刊誌の編集長を務め、もろもろの地位の人々に会っていて、かなり人馴れしているつもりだった。が、その日は推薦文をお願いする気後れと先入観も加わって、緊張のきわみにあった。

ところが、布川氏は初見の私に、慈父のような態度で会って、

「君の書くものは読んでいるよ。よくやっているねえ」

と、想像にあまる好意的な言葉をかけてくれたのだった。むろん、こちらの願いごとは、二つ返事で承諾――何日か後に力強い筆致で、次のような一文を寄せて下さった。

わが国で、雑誌と呼ばれる定期刊行物が誕生したのは、一八六七年（慶応三年）のこと。以来ここに一世紀余。近代日本の著しい変転に対応し、さまざまな雑誌が大量に発行されてきた。しかも、それらが盛衰興亡の諸相を遺して現在に至っているが、その編集と出版の現実にはどんなドラマがひそんでいるか。

出版ジャーナリストとしてすでに業績のある著者は、今回、その消息に焦点をあわせ、明治から現代までの出色な雑誌編集者二十一名を選び出し、豊富な資料を活用しながら、それらの個性的な活動を巧に紹介し、まさに『雑誌編集の真実』を解明された。

編集者の『それぞれの人生は作られるものである。同時に自らの作るものである』とは、

私の近来の切実な回想であるが、この書を読んで、その所感を一段と強くした。それとともに、興味以上に貴重な示唆を得た。
私は、著者の労を高く評価し、このような思慮を多くの人々に頒ちたいと思う。

布川角左衛門の出版とのかかわりは、岩波書店に昭和三年、入社したときに始まった。スタートが、岩波書店であったことは、出版人・布川に計り知れない財産を与えた。自らも『編集者の思い出』の冒頭で次のように述べている。

私は、昭和の初めから約三十年間、岩波書店の編集部の一員として、多くの碩学に接した。いうまでもなく、編集部の仕事は、出版の業務関係のことが主であるが、それには同時に著作者との間に自らパーソナルなものが伴う。従って、それらの方々が私に与えられた知遇と恩恵は、私の生涯にとって何ものにも代えることのできない貴重なものであった。

布川の接した著作者の名をあげれば、昭和前半の日本のアカデミックな学界、文化人を代表する錚々たる人物であった。晩年の西田幾多郎とは、戦時末期の用紙・印刷・製本などが制約された中で、その著書を上梓するために深い交わりをもった。
良書とあれば、採算を度外視してでも出版したいという姿勢の岩波茂雄(諏訪市出身)が、絶大な尊敬の念を抱いていたのは西田幾多郎であった。

布川は担当編集者として、この店主の志を胸に秘め「出版のことは何としてでもお引き受けしますから、原稿の方はどんどん書いて頂きたい」と懇請していた。

西田幾多郎は、岩波の出版事業に対する熾烈な責任感と担当者の熱意に応えて、老体に鞭打って執筆に専念していた。

西田がその頃、布川に宛てた次の手紙に気持ちは明らかである。

お手紙誠に有難う　御手紙により意を強くするものがあります。かかる時世の裡に於いても大いにやりませう　ヘーゲルのjenaでナポレオン軍の銃声を聞きながら現象学を書いたという気持にて　出版の事は何とか御努力願ひます　ぶつかるまで何処までも　序文は封入いたしました　何卒よろしく　けふ森君へ『生命』といふ『思想』への原稿を送りました　どうか　これもよろしく　十月二十三日　西田
布川君

西田幾多郎は、このとき七十五歳であった。布川氏は、この手紙を読んだとき「岩波書店の一員として、自分が努めなければならない役割を自覚し」感動に身をふるわせたものという。

しかし、戦時下の逼迫した出版事情は学術書を主流とする岩波の上にも及んできた。

「国民の思想指導上にゆるしがたい事実がある」との理由で、情報局は岩波書店に対して

弾圧の牙をむき、昭和十九年六月までで「思想」への用紙割当てを停止してしまったのである。

西田の論文は、この「思想」誌へ発表されていたから、岩波書店はわずかな手持ち用紙をやりくりして、「思想」を続行してゆく以外に道はなかった。

だが、この事態下にあって、布川の西田通いは続いていた。老哲学者は、布川のすすめを受けて、論文執筆の情熱をますますかきたてていたが、そのうちにせっかく原稿を書いても、容易に発表されない苛立ちを訴えるようになった。

布川角左衛門は、碩学のその言葉に対して岩波書店の看板と編集者の責務をかけて、次の様に述べたのだった。

そんなことを気になさらず、どんどん書いて下さい。原稿をお書きになるのが先生の仕事、それを出版するのがこちらの仕事です。私が生きているかぎり、原稿はおあずかりします。そして、どんな状況になろうとも、原稿さえあれば、きっと世の中に出します。それが私たちのしなければならない最も大事な御奉公だと思います。

無謀な戦争の末期状況下に一出版社の編集者の分際で、これだけのことを言ってのけられるのは、ざらに居るものではない。布川角左衛門が、咄嗟にこの言葉を吐露できたのは、店主・岩波茂雄につね日頃から言いふくめられていたからだった。

岩波茂雄は、太平洋戦争下にあって、次のような気構えで出版に立ち向かっていたのである。

戦局が如何に苛烈となり、形勢が如何に逼迫しようとも、出版事業に対する国家の要請の絶えざる限り、出版者の為すべき責任は残っているはずである。情勢の変化にどう身を処してゆくかといふ保身の立場を捨て、この唯ならぬ情勢の下で出版者は責務上何を為すべきかを、ひたすら追及すれば、道は自ら通ずると私は信じて居る。

これだけの見識と勇気をもった人物をリーダーに仰ぐ編集者は果報ものである。またこれだけの気概をもつ出版社から、書籍を上梓できる執筆者も幸運であった。

岩波茂雄の築きあげた出版姿勢は、当然、書く側から高く評価された。岩波書店の編集者であれば、一流の学者・文化人にフリーパスで会えるムードが醸成されていった。

布川角左衛門は、この岩波書店で三十余年にわたり恵まれた編集者生活を享受したことになる。そして、後半の人生は一流の学者・文化人との交流で蓄積された編集者としての財産を、おしげなく出版界に還元していったのだ。

私も、そのお零《こぼ》れにあずかった一人であった。有難かった。

（平成12年「人形劇の街いいだ」南信州新聞社）

大藪春彦と『野獣死すべし』

蘇えれ、ローンウルフ

大藪春彦は、日本にハードボイルドのジャンルを確立した作家の一人だった。車と銃をこよなく愛し、小説の中で車の性能や銃器の機能を詳細に解説して飽むことがなかった。六十一歳の生涯に『野獣死すべし』『蘇える金狼』『復讐は俺の血で』『輪殺《まわし》の掟』『殺し屋たちの烙印』『非情の女豹』など百三十篇余の血わき肉踊る小説を書きまくった。

これらの小説で、伊達邦彦や比野晶夫、朝倉哲也、西城秀夫、鷹見徹夫など、タフで非情なキャラクターを創り出した。

実生活でもタフガイを誇り、早稲田大学時代には射撃部で活躍し、作家になってからも同部のコーチを務め、カーレーサーとしてレースに参加。またアフリカのサバンナにハンティングに出掛け、猛獣狩りを楽しんでいた。

自宅の応接間には、アフリカやアラスカなどで仕留めた獲物の剥製《はくせい》が、飾られていた。ハードボイルドの巨匠視されるようになっても、日本推理作家協会の会合などにはあまり顔を出さず〝孤独の人〟と言われていた。

売れっ子ともなると、発表の舞台や出版社に注文をつけたがるものだが、彼は生涯、頓着するところがなかった。

賞というものにはまったく無縁で、既成の権威にとらわれることがなく、誰に対しても気軽に接していた。精力的に次々に上梓する作品を、いずれは自らが創立した出版社で一手に販売したいといった構想を親しい編集者にもらすこともあった。

しかし、大藪春彦は平成八（一九九六）年二月二十六日午後六時十八分、自宅で急死。その翌日のスポーツ各紙一面を埋める衝撃のニュースとなった。

森村誠一は、東京杉並区の築地本願寺和田堀廟所で営まれた二月二十九日の告別式で、「大藪さんのあまりに早すぎる訃報に我が耳を疑いました。いまだにあなたが亡くなったことが信じられません」と語りかけて、次のようにその死を悼んでいた。

『野獣死すべし』から『汚れた英雄』を経て、『アスファルトの虎《タイガー》』や『傭兵たちの挽歌』に至る、主人公たちのあまりにも激しい生き方には、なにかこの世のものならぬ、鬼気迫るものをおぼえておりました。大藪春彦には鬼が取りついて書いているような、尋常ならざる気配を嗅ぎ取っていた私は、作家自身がこの世のものならざるような存在に感じられたのでした。

大藪さんは、きっと自分の身体に鬼か猛獣を飼っていたのでしょう。それは小説をもってしても満たせない、貪欲ななにかです。それを養うために、自分の心身で購《あがな》った作品を、書きつづけたのではないでしょうか。

誠実な作家、森村誠一は、心をうつこの追悼の結びを「蘇えれ、ローンウルフ。大藪春彦」と呼びかけ、「鬼逝きて眠らざるべし寒椿」の一句を添えていた。

賞に無縁の人気作家

昭和五十五（一九八〇）年の文壇長者番付は、一、二位を香川県出身の作家が占めていた。二億六千万の西村寿行、二億三千万円の大藪春彦である。この事を紹介した、朝日新聞の「新人国記81」には、二人の共通点を、多作で、賞に関係ないことと言い、「西村六十冊、大藪は百三十冊をこえた。西村は動物と自然、とくに海を愛し、大藪は銃と自動車にくわしい。ともに、肩のこらない荒唐無稽さと妄想的な性サディズムが特色と評される」とつづいている。

厖大な作品をもつ両作家の作品傾向を、荒唐無稽と妄想的性サディズムに収斂してしまうあたり、さすが〝天下の大朝日〟――。小説などというものは、もともと妄想の所産であり、とくにエンターテインメントを強調した作品は、糞リアリズムのワクを飛び出した荒唐無稽なものでないと、面白くはない。

読者は、動物的な勘でそのあたりのことを嗅ぎ分けていて、現在でも大藪なり西村なりの作品をむさぼるようにして読んでいる。多数の読者を相手にして成り立っている週刊誌、月刊誌が、面白い小説を書く作家を、救世主として仰ぎ、作品の掲載を渇望してやまないのも、彼らが大量の部数を維持するうえでの安全牌《パイ》だったからだ。

大藪春彦はその厖大な作品を、ただ一つの主題で貫いた作家である。その原点を辿ると、外地での敗戦、引揚げ体験に行き当たる。大日本帝国という〝国家〟が崩壊した後の日本人の屈辱的な地獄の生活。親の郷里へ引き揚げてきたとき、邪魔者扱いにされ、集団リンチを受けて洗面器に一杯になるほどの血を流した想い出だった。

大藪はすべての作品に、敗戦後、数年にわたって受けた凄惨な原体験を、手をかえ品をかえて書きまくった。荒唐無稽といわれようと妄想的な性のサディズム――ワンパターンといわれようと、執拗に怨念をこめて、すさまじい暴力シーンを、流血と殺戮の場面を、バリエーションをつけて書きつづけた。

いまさら〝賞〟でもないが、大藪春彦が、この種の作品を書きつづけている限り、賞とは永遠に無縁と考えられた。

推理作家の森村誠一は、大藪を、

「私小説の狭い枠の中にとじこもって、モチャモチャと作者一人が深刻ぶった精神の自慰《マスターベーション》に耽っている、あるいは自分だけが自分の作品に酔っぱらっている日本の文学に、だれよりも早く反旗をひるがえして、小説におけるエンターテインメントを確立したパイオニアの一人である。」

と賞賛した上で、次のようにつづけていた。

「私は初めて『野獣死すべし』を読んだときの新鮮な愕きと感動をいまでも鮮やかにおぼえている。読み終えたとき、これが本当のエンターテインメントだとおもった。この稿を書くにあたって、改めて『野獣死すべし』を読みなおしたが、最初の読後感を確認した。そして新たに感じたことは、大藪春彦の作品では絶対に芥川賞を取れない、いや取らないだろうということである。つまり芥川賞と縁のないところに氏の作品の魅力と読者の支持の厚さがあるのである。」

森村の大藪春彦論には、ある偏向のあることは否めないが、核心にふれている。既成の文壇に黙殺され、嘲笑されようと、大藪春彦作品は、多くの読者の支持を受けていたことは間違いない事実だった。

その支持が、毎年大藪春彦の作品の重版につながり、文壇の長者番付に名を記される所以だった。銃と車と殺人と――、大藪作品の特色は、デビューの時点ですでに固まっていた。

大藪春彦が、『野獣死すべし』で、彗星のように登場したのは、戦後の剣豪小説の傑作『眠狂四郎無頼控』と『柳生武芸帳』が、創刊間もない「週刊新潮」誌上で評判になりかかっていた頃である。『眠狂四郎』は柴田錬三郎、『柳生武芸帳』は五味康祐が、檜舞台を与えられて渾身の力を込めて書いた小説だった。三つの作品に共通するものは、人間の生命を一発の銃弾、一撃のもとに切り捨ててかえりみない、非情な殺戮の世界——。とくに、大藪と柴田作品の主人公は、人間の価値など認めない、己の目的のためには手段をえらばず、邪魔者は虫ケラのように殺してかえりみない、悪のヒーローたちの跳梁跋扈《ちょうりょうばっこ》する物語の世界だった。

それらの小説は、日本の大衆小説の底に流れていた〝勧善懲悪〟ムードを全否定して、はじめて成り立つストーリーだった。とくに大藪春彦の『野獣死すべし』の主人公・伊達邦彦は、日本の大衆小説に類例のない、はじめて創造された型破りなヒーローだった。その全篇は、殺人につぐ殺人、犯罪につぐ犯罪で構成されていた。主人公の伊達邦彦は、つねに能動的に怜悧な計算のもとに、美学的ともいえる見事な殺人を果たしていたのである。

「殺人なんて何でもないさ。他人の生命なんて少しも価値のないものだ」

そううそぶく伊達邦彦は、一人の警官殺しを手はじめに、次々と殺人と大金の略奪を重ねていくのだった。伊達が、殺人につぐ殺人、犯罪につぐ犯罪をつづける理由は、挫折し、絶望し、生き残るためにはなんでも体験してきた、彼の前半生から領導されたものだった。『野獣死すべし』には、乾いた文体で随所に伊達邦彦の人生観が述べられていた。

「自分以外に頼りになるのは、金と武器だけだ。金で買えない物に、ろくな物はない。稼げるチャンスがある間に稼ぎまくるのだ。そのために誰が死のうと知った事ではない。（中略）歯車はきりきりと音をたてて廻り始め、加速度に乗って轟々と回転した。それを止めるには死の威嚇も非力である。」

こうした考えの伊達邦彦にとって、女も友達も利用価値があるときだけの関係でしかなかった。

だから、その関係は、

「彼の女に対する態度は優しく快活だが、やはり投げやりな事は隠せない。美貌の女と金の有る女にしか関心が無い。女に精神を求める様な間抜けには死んでもなりたくない」

であったし、千七百万円を奪うために秘密が守れる男と手下にした大学二年間の同級生も、仕事が終わったとたん、眠らせておいて殺害する。そのくだりは伊達の非情な人となりを描いて圧巻だった。

「前後不覚に眠っている真田の体をかついで車からおろし、薄いマットの上に寝かせた。車に戻るとダッシュ・ボードの下から、サイレンサーの付いた拳銃を取りだし、二発をつめかえた。（中略）

邦彦は、もうこの男に用は済んだはずだった。一度己の秘密を分ち合った以上、真田はどんな事があっても死ななければならなかった。この男がいるかぎり、邦彦は罪の十字架を共に背おわなければならなかった。
邦彦は銃の撃鉄をあげ、狙いをつけた。しかし、獲物に対し、一度も慄れた事のなかった手は大きくふるえ、銃口は縦横無尽にゆれた。顔色は蒼ざめ、黄色っぽくなり、暗い影に翳った目は充血してふくらんだ。あえぐように口から大きく深呼吸するため、喉はからからに乾いてきた。」

野獣のような男が、人間らしいためらいを示す心の動きがみられる、数少ない場面であった。並みの作家であったなら、この部分に主人公の心理の動きをよろしく描くところである。しかし、〝非情のリアリズム〟といわれるハードボイルドの文体《スタイル》を追求する大藪は、ここで主人公が何を感じ、何を思考したかを、一切書き加えなかった。

「わずかに漏れる表情や行動や会話を通じて読者がスクリーンを見つめているときのように、それを感じさせる……」文体を固持したのである。

「初めの一発は、恥じらう処女から奪う最初の接吻のようなものであった。邦彦は真田の顔に向けて、続けざまに発砲した。燃えて熱くなった銃身と、鼻を刺す硝煙の下で、肉と血と骨が四散し、人間の顔というよりは一個の残骸と変った。」

その死体は、セメント樽につめこまれて海に投げ込まれたが、死体が東京湾の深みで白骨と化した頃、「ハーバードの食堂では、広重がフランス後期印象派、特にゴッホやルノアールに与えた影響について、邦彦は瞳をキラキラ輝かせながら、数人のフランス留学生と語り合っていた」というくだりで、『野獣死すべし』は、ひとまず終わっていた。

その男っぽい文体と目的のためには人の命を虫ケラのように扱うストーリーは、読む者になんともすさまじい強烈な印象を与えた。

〝裏返しの青春〟を描く

大藪春彦が、『野獣死すべし』を、早稲田大学の同人雑誌「青炎」に発表したのは、昭和三十三（一九五八）年の春であった。まだ、早稲田に在学中の二十三歳で、当時の彼は、親しい友人に、

「どこから見ても文学青年とはほど遠い、さりとて一般の学生タイプにはとてもいれられない、何か人間の一部が欠落しているような異能者という印象を与える男」

というふうに見えたという。

彼は、「ケッケッケ」と肺の一部から息を押し殺すようにして、けったいな笑いを吐き出す……。

その変わった笑いで、学友たちの印象にとどめられていた。大藪のこの感じは、文壇の高額所得者になっても変わることがなかった。

この外見は文学青年の片鱗さえ認められなかった大藪に、小説をすすめたのは「青炎」

の編集長だった。彼はそのすすめを受けると、「体中にくすぶっている毒を吐き出そうというように、……怒りをノートブックに叩きつけ」ていった。伊達邦彦という異形なヒーローに仮託して、大藪春彦が『野獣死すべし』で書こうとしたのは、彼をふくめた同世代人の〝裏返しの青春〟だった。

「一度徹底的に傷ついた人間が無になって、そこから一種の悪霊的な性格をともなって甦えった人間」

主人公・伊達邦彦のキャラクターをこのように設定した大藪は、伊達が育ち、性格づけられた環境を、自分自身が辿ったその半生においた。

大藪作品の原点ともなる、その衝撃的な体験は、〝大日本帝国〟が太平洋戦争に敗れた、昭和二十（一九四五）年八月十五日に発していた。

大藪少年は、そのとき、小学校五年生で、いまは朝鮮民主主義人民共和国となっている朝鮮半島の北、新義州という町に住んでいた。朝鮮半島は、それまでの三十六年間、日本の植民地となっていて、民族の誇りを蹂躙《じゅうりん》され、屈辱的な生活を強いられていた。侵略者の日本人は、半島につづく中国の東北部――満州の地も簒奪して権力をほしいままにしていた。

朝鮮、中国の人民たちは、日本民族の跳梁跋扈に耐え、隠忍自重《いんにんじちょう》の生活を強いられていた。しかし、心の奥底には、折あらば侵略者を亡ぼし、鬱積した怨念を晴らしたいという烈々たる気魄が秘められていた。

彼らの怒り、憎悪は、日本の敗戦によって一気に爆発した。ソ連軍が〝張子の虎〟関東軍を完膚《かんぷ》なきまでに叩きのめして進駐し、略奪や日本人の婦女子を強姦しはじめると、朝鮮人たちもそれに呼応するように、日本人を襲いはじめた。

大藪春彦の父は、新義州中学校の教師をやっていたが、その当時、召集を受けて半島の南端、釜山の守備隊に配属されていた。家には、母と幼い妹が二人——男といったら小学五年の春彦少年だけで、地獄の試練に立たされたのである。

「これまでの支配される側から支配する側に廻った朝鮮人による、日本人や朝鮮人でありながら日本人にこびへつらって甘い汁を吸った連中に対する人民裁判がはじまったのは、ソ連軍が進駐してきた翌日からであった。

その頃になってからやっと僕たちは知ったのだが、日本人の偉いお役人や軍人たち、それに軍や役所に深いコネがある連中は敗戦の少し前にみんな日本に逃げ帰っていた。

一番悲惨だったのは、下っ端の警官たちであった。朝鮮人の憎悪の的であった彼らがなぶり殺しになる光景を僕は何度も目撃している。殺されなかった者はシベリア送りになった。逃げおくれて民間人に化けているのを見つけられた憲兵や特務機関員も同じ運命をたどった。」（「敗戦の頃〝衝撃の戦争体験〟」）

大藪春彦が、お上とか国家というものを絶対信用しなくなったのは、この土壇場における権力者の逃亡だった。偉い奴ほど、敗北必至の情報をつかんでいて、真っ先に逃げ出していた。とくに、政府関係の高官は、敗戦のかなり前に特別列車や特別船を仕立て、植民地で剥奪《はくだつ》した財産を積み込んで、雲を霞と逃げてしまっていた。

残された権力に遠かった日本人は、売り食いのタケノコ生活をはじめた。朝鮮人のところへ、着物だの宝石を持参して、わずかな食料との交換を頼むのだが、残留日本人のすべてがそれを行うとあって、二束三文にしかならなかった。進駐ソ連軍や、朝鮮人による家の接収がはじまった。大藪の家は、しばらく接収はまぬがれていたが、その家に満州でソ連軍と戦った敗残日本兵が、寝泊りするようになった。

大藪少年は、その敗残兵から、極限状態にある人間が、生きのびるためには、想像もつかぬほどの残虐行為を平然と犯すという話を聞いた。『野獣死すべし』の伊達邦彦の行為の下敷きになるすさまじい生きざまだった。

彼らは、クリークを渡るとき、満州人に渡賃をいったんは手渡した後、向こう岸へ着いたとたんに、船頭を殺して支払った金を奪い取っていた。その金がないことには、次の川を渡れなかったからだ。また、安東の豆腐屋にひそかに身をかくし、雑役をやっていて、鴨緑江を密航して北朝鮮側に逃げ込む金を作るために、その親切な豆腐屋一家を皆殺しにしたとも語っていた。

自らが生き残るためには、他人の生命など少しの価値も認めない——恩義だの人情は平和な時代にこそ意味がある……。彼らの話し方が、感情を殺して淡々としていただけに、かえって「人間のなかにひそんでいる生命への執着心と野獣が」春彦の幼い心にも怖しく感じられた、という。

曲りなりにも、人間らしい生活を送れたのは、厳しい冬が訪れる前までだった。藤棚のベランダがある瀟洒《しょうしゃ》な大藪の家も接収され、接収された日本人三家族が、一軒のこれもまた朝鮮人に接収された家に押し込められた。八畳の一部屋に、三家族十五人が生活しはじめたわけだった。それでも、コンクリートの倉庫の三和土《たたき》に、家族間をムシロで仕切って生活している日本人よりはましだった。

大藪母子は、生きるために豆腐の行商をはじめる。春彦少年は、カッパライ、食糧列車からの盗みなど、生きるために獣のような行為もあえてした。ソ連兵の威嚇射撃、銃剣で背中を突き刺されたこともあった。盗みを発見されて、大勢の朝鮮人に袋叩きにされ、顔が大きなボールのように腫れあがったこともあった。そんな酷い生活の中にあっても、まだ必死に生きようという張りがあり、敗戦国民の惨めさのどん底は味わっていなかった。

子供心に、敗れた民族の悲惨さを身に染みて知ったのは、二番目の妹がジフテリアにかかったときだった。大藪はときどき息がとまりそうになる妹を背負って、ジフテリアの血清を探して、泣きながら二日間歩きつづけた。しかし、病院はどこも朝鮮人に占拠されていて、日本人を寝かしてくれるベッドはなかった。まして、貴重なジフテリアの血清など、幼な児に射ってくれるところはない。八畳に十五人——一緒に住んでいる人たちは、伝染をおそれて、大藪の妹を隔離するように要求した。

「そんな姿にさすがに憐れみを感じたのであろう。一軒の病院が、隔離病棟のベッドの一つを妹のために与えてくれた。

しかし、血清は無かった。母が付き添って妹は入院したが、次第に生命の灯が消えはじめた。その時、父のかつての友人が、道庁の薬品室に一人で侵入し、一本だけ残っていた血清を捜しあてて駆けつけてくれたのだ。」(「同」)

妹は、この一本の血清によって、奇跡的に助かった。だが、退院した妹は、雑居している家族から、またも締め出される。茫然とした大藪母子を、その家の朝鮮人主婦が、玄関脇の小部屋へ寝かしてくれた。

大藪は敗戦によって豹変したそれまでの朝鮮人に対する恨みも忘れて、「その女性が地獄で会った仏のように」見えたという。

三十八度線を越えた南からの密入国者によって、消息不明の父から、手紙が届けられたのは、厳冬の頃だったか。ココヨリに捲いた父の手紙には、「三十八度線が厳しくて新義州には帰れない。自分は一足先に帰国して待っているから、皆も何とかして生きて帰ってくれ……」と、書かれていた。

厚い壁に前途をはばまれたような絶望の生活の中で、父の生存の報は、ポッと灯った小さなあかりであった。しかし、流言蜚語が飛びかい、いつになっても日本からの迎えの船が来ない状勢下で、父との再会は永遠に来ないのではないかと考えられた。実際、情報を遮断された日本人社会に飛び交うデマゴギーは、一つとして希望のもてる類のものはなかった。

金を持っている者は日本に帰さないと言う者。金歯を入れているものは、みな抜かれてしまうという話。帰国するとき、身体検査で尻の穴まで調べられ、隠匿した金が見つかった場合には銃殺される……。

話を信じて、なけなしの金を飲み食いに使ってしまう者も出たが、彼らは後ほどホゾを噛むことになった。

地獄の体験からの蘇生

日本政府《おかみ》からの帰国船は、待てど暮らせど来なかった。痺れを切らした日本人たちは、金を出しあって闇船を雇い、南朝鮮まで逃げよう、という計画が持ち出され、実行された。焼玉エンジン付きの釣舟程度の小舟だった。四、五隻が長いロープで一列につながれた。小舟には日本人が満載されていたが、船は沖へ出たとたんに、エンジンが故障したといって動かなくなった。

「ジリジリと太陽に焼かれ、握飯はもう腐りはじめた。水筒の水はたちまち底をついてくる。そのうちに、激しいうねりがやってきた。船は波に持ちあげられては波の谷間に沈む。

前やうしろの船が見え隠れする。

みんなは吐きはじめた。そして、夜になると共に、激しい嵐が襲ってきた。」(「同」)

嵐の中で、子供の何人かが船から放り出されて消えた。翌日、船はやっと動き始めたが、一時間もたたぬうちに再びストップした。朝鮮人の船長は、日本人から奪えるかぎりの金を奪ってしまおうという計算から、度重なる故障を故意におこしていたのだ。その都度、隠し持っていた虎の子が、船長のフトコロに入っていった。

大藪は、極度の下痢から脱水症状に陥り、体力の限界に近づいて、死んだように横たわっていた。みな、水に飢えていた。船は遅々として進まない。このままでは、日本人すべてが死んでしまう瀬戸際にきていた。狭い小舟の中には殺気がみなぎった。チャンスを見て船長と助手を殺してやろう……という相談がまとまる。その殺気を感じたのか、船はようやく動きはじめた。出発して十日は経っていた。

韓国の首都ソウルに近い仁川に、ほうほうの体で着いたが、そこからは家畜運搬列車に乗せられて、難民キャンプに送られた。列車から降ろされて、熱い日射のもとをキャンプまで歩かされた。途中で死者が続出したが、誰も自分のことに一杯で、他人などかまっていられなかった。大藪は下痢がひどく、何回かブッ倒れた。

「半日は歩き続けたように思う。死の行進だ。みんな、出来るだけ荷物を捨てて少しでも身を軽くしようとした。それでも、敗戦前までの貯金通帳や保険証書などは、みんな後生大事に身につけたまま捨てなかったのだが、そんなものは日本に帰ってみるとただの紙切れ同然であった。

行進の途中、空腹は通りこしたが、喉の乾きだけには耐えられないほどであった。それでも、僕と三人の妹と母――下の二人の妹は母と一番上の妹と僕が交代でオンブして運んだのだが――は、陽暮れて、やっと難民キャンプにたどり着くことが出来た。

死なずに済んだのだ。あの頃の体験が僕の作品の根本思想に大きな影響を与えている。」（「敗戦の頃〝衝撃の戦争体験〟」）

地獄の沙汰も金次第――というが、ここでも、金のあるものは、夜半にまぎれて金網に近づき、韓国人が売る米やふかし芋を購うことができた。しかし、大藪の一家は一文無しになっていた。飢えをしのぐためには、彼は米兵のゴミ箱をあさって、罐詰の空罐にこびりついているわずかな蛋白質を拾い、それを奪い合って、他の少年たちと殴り合いを演じていた。「体は栄養失調でフラフラだったが、飢えきった野犬のように闘った」少年だった。

難民キャンプに一ヵ月ほど収容されたのちようやく帰国の途に着く。そして、船に乗せられて、九州の佐世保に辿り着いたのは、昭和二十一年の九月十七日だった。敗戦から一年一ヵ月、死線を彷徨していたわけで、大藪の人生観と作品の根本思想は、この期に培われた面が大きかった。しかし、彼らを迎えて故国日本は、異民族とはまた違った差別と虐待で引揚げ者を〝歓迎〟した。父が先に引き揚げていたのが唯一の救いだった。

血のつながる肉親でも、乞食のような風体の引揚げ者は迷惑げに扱う。まして赤の他人や、子供たちにとっては、植民地育ちで標準語を話す大藪少年が、目障りな存在だった。大藪一家は、家がないので、間借り生活を転々とし、その都度、小学校もかわった。学校をかわると、その学校の悪童を支配するボスと親衛隊に必ず決闘を挑まれた。子供には、相手に対する憐れみとか斟酌《しんしゃく》がない。大藪は、彼らに徹底的に痛めつけられた。だが、朝鮮人に袋叩きにあい、修羅場をくぐってきていた大藪は、一方的に彼らに殴られてはいなかった。

「僕はいつも捲いた自転車のチェーンをボロ布にくるんで持ち歩いていた。

それに、僕は抑留時代に朝鮮人たちに痛めつけられていたから、彼らが頭突きと共に得意とする足蹴りを習い覚えていた。

短刀を一杯にのばした時の腕の長さプラス短刀の長さよりも、足で蹴ったときの靴先までのリーチが長いことは自明の理だ。

しかも、日本人は蹴るにしても足の裏で打撃を与えようとするが、北朝鮮の人たちは、もろに靴先で相手の肉体にくいこます。

だから、チェーンと北朝鮮的蹴りを併用した僕は、大勢に取りかこまれても、なかなかファイターであった。」（「同」）

とは言っても、多勢に無勢……たった一人の闘いでは、無茶苦茶にやられることもあった。十数人と喧嘩をやったときだった。背後から襲ってくるチェーンや鉄棒を避けて、輪の中心でグルグルまわっていると、番長が汚い四国弁で「怯気づいたか？　卑怯なことをするな」といった意味の言葉を口走った。大藪は一瞬、カッとして動きを止めたが、その途端、背後から頭を鉄棒で、ガンと一撃された。意識がもうろうとする。前後左右から棒やらチェーンが無茶苦茶に飛んでくるのを、遠のく意識の中で視界にとらえていた。気がついたときには、洗面器に一杯ぶちまけたほどの、おびただしい鮮血が地面を朱に染め、その中に倒れていた。

高校へ進んでも、戦後の混乱と廃頽が尾を引いた酷い体験はつづいていた。だが、大藪はこの原体験を、ほとんどそのままに作品に投げ込み、その体験を通じて皮膚感覚でとらえた怒り、苦しみ、哀しみといった情念を、『野獣死すべし』の伊達邦彦に投影したのだった。

その結果、伊達が生い育った環境と風景の描写は、大藪春彦のそれとオーバーラップして、『野獣死すべし』で次のように記されたのだった。

「伊達邦彦はハルピンに生まれた。ギリシャ正教寺院の尖塔に黄金色に燃える大陸の夕日が映え、アカシアの並木に駆けるトロイカの鈴が軽やかに響く夢の町。

そして又、あらゆる民族のはきだめ。

父は精油会社を経営していた。

雪が街を白い砂菓子と変え、二重ガラスの窓から薄れ日のもれる室内で、大きなペチカが生活の中心となる酷寒の冬ともなれば、腹をくり抜かれたキジや野鹿が足を括られて台所へ続く長い廊下に並ぶ。」

伊達邦彦の幸福な幼少時代は束の間、父は会社を乗っとられ、戦争で南方へ狩り出される。そして敗戦だった。一転して日本人は生地獄へ突き落とされる。邦彦は母と幼い妹を食わせるために、盗み、カッパライをやる。命からがら北朝鮮から脱出して、日本へ引揚げ、父の故郷四国へ流れ着くが、そこでは戦地から一足先に帰国していた父が、彼らを迎えてくれる。

大藪春彦の辿ったのと、ほとんどそのままの軌跡である。さらに、中学時代の描写にすすむが、伊達邦彦を大藪春彦と書きかえても通用するほど、その閲歴は一致した点が多かった。

『野獣死すべし』には、次のようにつづく。


邦彦は中学一年のクラスに入るが、本を読むのは二年ぶりである。

他国者の邦彦が息をつけるまでには、一歩一歩を戦いとらねばならない。

自転車のチェーンで破れた皮膚がもとどおりになり、悠長な方言を繰り出した頃には、彼は、チンピラどもの一員として認められる。生徒の二割ぐらいはポン中であり、モクを吸わない奴はめずらしい。

学校をさぼっては皆で大阪まで、関西汽船で米や野菜を運び、金やヒロポンと代える。

久しぶりの書物からの知識は、熱砂に落ちた雨の様に邦彦の頭に吸い込まれる。

邦彦はやがて、不良少年の頭になり、『鋼鉄はいかにして鍛えられるか』のニコライ・オストロフスキーを読んで、いっぱしの左翼少年になる。転じて演劇・美術少年になった上で、大学へ入って完全犯罪を夢みる青年に傾斜していく。

伊達邦彦の人生を決定づけるそのくだりは、次のような乾いた文体で、熱っぽく記されている。

試験など茶番劇に等しい。下宿で寝ころがってアメリカン・ハードボイルドの探偵小説にとっくむ。己れの苦痛を他人事として受取り、己れのみを頼りとするニヒルでタフな非情な男の群れ。耐えて耐えぬくストイシズムの生む非情の詩。

部屋には安っぽい表紙にかざられた二十五セント判のポケット・ブックがたちまちのうちに数百冊読みとばされ、うず高く積まれていく。

計算しつくされた冷たく美しい完全犯罪が彼の頭中にくすぶり始め、やがて積りつもった彼の毒念はついにその吐け口を見いだし、次第にそれは確乎たる目的の型をなした。失った己れを見いだした邦彦は、絶望の淵から死と破壊をもたらすために、苦々しく蘇生したのだ。

伊達邦彦に仮託されてはいるが、この考え方は、大藪春彦〝野獣の青春〟そのものであった。彼は「力は正義」と考え、生きていくためには、道徳とか論理とかを超越しなければならない、と心に念じていた。

「人殺しはよくない。しかし、殺されるのと殺すのと、どちらを選ぶかと問われれば、僕は殺す方をえらぶ。ギリギリの状況では、善も悪もないのだ」

と、昂然と面をあげて、本音を語る逞しさも持っていた。

野獣派作家の誕生

早稲田大学へ進んだことが、大藪春彦を作家に育てたことになるが、それは偶然の所産にすぎなかった。彼は、外地育ちで語学に関心があったところから、ほとんど勉強らしい勉強をせずに、東京外国語大学を受験してすべっていた。高校の物理の先生を父にもちながら、理科の試験が零点だったという。

仕方なく、四国のクリスチャン・カレッジに入った。この学校はアメリカの補助でやっている全寮制のプロテスタント牧師の養成所だった。スタンダールの『赤と黒』を読んで、ジュリアン・ソレルにあこがれ、本気で牧師になろうと考えたのだ。しかし大藪は、敗戦で国家の非情を知って以来の衝撃を、この学校で味わった。神につかえる牧師たちの、はき気をもよおすほどの偽善性を目の当りに見てしまったのだ。

「なにせ、昼休みに社宅に急いで女房とのセックスにふける神父とか、生徒の精液《ザーメン》を集めて飲むような同性愛の神父がいたくらいだから」大藪の失望と軽蔑は計り知れなかった。

神父憎けりゃ……で、キリスト教そのものに愛想づかしをするほどになった。

こんな偽善的な学校だが、大藪の将来に大きな収穫をもたらした。教師がアメリカ人だったので、語学に強くなったことと、図書館ではじめて、アメリカのポケット・ブックを知り、チャンドラー、ハメットなどの海外ミステリーやハードボイルド小説を知ったことだった。大藪作品の文体《スタイル》を決定する作家との出会いだった。

クリスチャン・カレッジは早々に退学して、翌年早稲田へ入った。教育学部英文科で、無事卒業できたら、女子高の先生にでもなりたい気分だった。大学では射撃部に入った。ここで射撃に熱中するが、この原点には、抑留時代に、ソ連兵が七十一連発のドラム弾倉をつけたPPSH41を撃ちまくるのを見たり、トカレフ拳銃のいたずら撃ちに怯えた……その屈辱感から、いずれの日にか自らの手で銃を握り、射ちまくってやりたいという気持ちがあったからだった。

後年、大藪は「発射の快感と射精はおなじ」と、次のように書いてある。

「ともかく、銃は魔法の杖だ。スポーツ・カーをフッ飛ばすと、自分の足で走る何百倍のスピードに酔えるように、銃の引金をしぼると何十メーター先を飛ぶ鳥も、何百メーター先を疾走する鹿も倒れるのだ。

つまり、銃は自分の持っている力を何百倍にも拡大する魔力があるのだ。しかも、それが腕の一部であるだけに、なにものにもまさる親近感がある。肉体の一部のようになるのだ。およそ男と生れた以上、スピードの出る車、威力のある銃にあこがれない者はあるまい。もし、あこがれない男がいるとすれば、ゲイボーイにでもなったほうがいい」

つづけて大藪春彦は、銃と人間の心の存在下にある意識を結びつけて、こう言っていた。

「黒光りする銃は、また、破滅とセックスと死のシンボルでもある。

発射の快感と射精と、どこが違うというのだ？　突き抜けるような発射音は、レーシング・カーの排気音よりセクシーだ。」

期待を抱いた早稲田だったが、大藪がそこで見たものは、試験の成績と就職を結びつけて、その結果に一喜一憂する冴えない学生たちの姿だった。大藪は、四国のクリスチャン・カレッジで、英語には日本語なみに強くなっていたから、あらためて学校からは学ぶものはなかった。射撃部も、あらゆる運動部と同じように「幹部がサディズムを正当化している性欲の掃きだめ」であることを知って、昂然と反抗した。学校には出ないが、射撃の練習場には律儀に通った。

「だが、射撃にすべてを忘れようとしても、運動部の封建的な対人関係はわずらわしかった。運動部ほど先輩後輩の序列のやかましいところはない。僕はアメリカのポケット・ブックを買いあさり、ハードボイルド小説を読みふけった。耐えて耐えて耐え忍び、それに火がついて爆発すると、再び静の世界に戻っていく闘争的ストイシズムが僕をとらえたからだ。」（『野獣の青春』）

大藪はこの頃、失意の中にいた。好きな射撃で冷たいコンクリートで肩を冷やしたためリューマチのような体になっていた。引揚げ後カリエスで死の一歩手前まで行き、絶望的な気持ちに陥ったことがあったが、そのときはじっと寝ているより仕方がなかった。ところが今回は、酒の味を覚え、その酔いに溺れてのかたときの逃避を知っていた。酒びたりの毎日を送りながら、「ああ、これも裏がえしになった青春の一つなのだと涙がこぼれそうになった」ともいう。

「学校も面白くなかった。アプレゲールの生き残りである僕には、いつまでも今のままの世界がつづくと思って退職金の率のいい一流会社への就職を目ざす学生とのあいだに断層を感じていた。

僕は教科書さえろくに買わずに飲んだくれた。血圧は百六十にまであがり、あっさり死んだら、どんなに楽だろうとか思っていた。

そうして酒びたりになっていた頃、友人が編集長になって同人雑誌を出すことになった。僕もさそわれた。

春休みになって、僕は強烈な勢いで書いた。体中にくすぶっている毒をはき出そうというように、おさえていた怒りをノートブックに叩きつけた。不思議にも、血圧はぐんぐんさがっていった。

こうして処女作『野獣死すべし』は生まれた。」

「青炎」創刊号を飾った『野獣死すべし』は八ポ二段組で五十ページを越える力作であった。ただでさえ薄い同人雑誌に、大藪春彦が一気に過半数を占領した裏には、「掲載しないとブッ殺すぞ！」と編集長を脅迫したからという伝説がある。

しかし、それは後日につくられた〝大藪伝説〟のひとつで、『野獣死すべし』は、同人はもとより、発表と同時に、ワセダ・ミステリ・クラブの会員らの目を惹いた。この会は日本の探偵小説のパイオニア、江戸川乱歩を顧問に千代有三のペンネームをもつ文学部教授、鈴木幸雄を会長に活動していた。

「昭和三十三年五月のことである。何かの会合のとき、ずんぐりした、丸顔の青年が、おとなしく、控え目に、出たばかりの『青炎』を一冊くれた。これはぼくの小説です、といったきりで、そのまま人影のうしろにかくれてしまったが、ぼくはその夜、なに気なくその雑誌の頁を開いた。〈野獣死すべし大藪春彦〉とあって、どこかで見かけた題だな、と思った。ニコラス・ブレイクの推理小説にその題があったのを思い出したが、とにかく読み進んでいるうちに、かなり長い作品を一気に読ませるだけの新鮮な面白さがあった。大げさに言えば、ぼくもいささか興奮した気配があった。」（千代有三『大藪春彦の世界』「内気な野獣の魅力」）

千代有三は、翌日になるのを待ちかねて、電話で江戸川乱歩に、有望な新人大藪春彦のことを知らせた。江戸川は、当時、岩谷書店から出ていた、推理小説専門誌「宝石」の編集を引き受けて、しきりに新人を捜していた。落ち目の推理小説界、そして「宝石」の衰退に歯どめをかけるために、新人ばかりか、純文学畑や他の世界からユニークな筆者を発掘し、あるいは推理小説を書くよう大御所自ら出向いて、すすめていた。

千代有三の推輓《すいばん》で『野獣死すべし』を知った江戸川乱歩は、すぐにもその作品を見せてほしいという返事だった。作家であると同時に、無類のミステリィものの目ききの乱歩は、大藪の作品を早速読んでみた。描写やストーリーの展開に、やや粗々しいきらいはあったが、従来の推理小説には見られないハードボイルドの作品であるのに感嘆した。

拳銃や車に対する並々ならぬ知識。きびきびした行動描写と、テンポのいい会話を投げ込んで、スピーディに盛り上げていくその文体は、待望久しかった本物のハードボイルド小説の出現を納得させるに充分だった。理屈ぬきに面白かった。

江戸川乱歩は、「宝石」七月号に、自ら書いた次のような紹介文を添えて転載した。

「ハードボイルドの思想と文体はアメリカ独特のもので、これを日本に移すのはむつかしいと考えていたが、二十歳を越したばかりの若い作家は、ぼつぼつこれをわがものにしはじめている。(中略)大藪さんの『野獣死すべし』はスピレイン風の痛快作、ハードボイルドぎらいの読者にも、百六十枚を一気に読ませるこの面白さは、異論がないだろうと思う。」

推理小説界の御大自らが、孫のような年齢の大藪春彦を、口をきわめて推奨するだけあって、『野獣死すべし』は、当時の推理小説ファンに、一種の衝撃を与えたのであった。その波紋は、モノマニアックな推理小説ファンにとどまらず、純文学の目ききの批評にも耐える痛快な面白さだった。

当時、文藝春秋発行の「文学界」で同人雑誌評を担当していた文芸評論家久保田正文は、「青炎」創刊号に発表された『野獣死すべし』を読んで、純文学の発表舞台と目される「文学界」に推輓しようと考えた、という。

「『青炎』創刊号は五月発行というから、たぶんそれは六月の同人雑誌よみの分としてとどけられたもののうちに入っていただろう。(中略)

その月も、例によって前の夜おそくまでよみつづけ、夜なかの二時すぎころ残った雑誌を寝床へもちこんだものである。『青炎』もそのうちの一冊であった。『野獣死すべし』……題名からして、純文学とは縁が遠そうだとおもいながらページをくってみると相当な分量である。まともにつきあっていたら、朝になってしまう。サッとななめによめばよかろうくらいなつもりで読みはじめた。」

久保田正文は、ところが、現在終止形の男性的なドライな文体に引き込まれてゆき、ななめ読みどころか、夜明けまでかかって読了してしまう。

「よし！　今日はこれで勝負しよう。千万人といえどもわれ行かん、……酔ったような興奮にかられた。批評家冥利というものは、こういうときにあるのだろう。」

久保田は、その日の午後、文春でもたれる同人雑誌の会合で、断固、大藪春彦の『野獣死すべし』を推すことを決意する。当時、この会合は、小松伸六、林富士馬、駒田信二、久保田正文の四人で開かれ、四人がその月に読んだ百冊近い同人誌の中から作品合評をし、数篇の優秀作を選び、編集部はその中から一篇を転載するシステムになっていた。

少なくとも大藪春彦の『野獣死すべし』はその月の数篇の優秀作に入る、ということであった。久保田正文は、酔ったような興奮から、なかなか寝つかれぬままにいた。

「やがて玄関にパサッと音がして朝刊が投げこまれた。それを読みながら睡ろうとおもってとりに行った。床のなかへ入って、いつものように第一面下段の雑誌・書籍項目へはじめに目をはしらせる。『宝石』七月号。大藪春彦『野獣死すべし』。そこに、それが刷られている。ほとんど、私はじぶんの眼を疑った。」

大藪春彦の作品は、純文学雑誌への掲載の千載一遇のチャンスを、永遠に失ってしまった。——しかし、以後の大藪の活躍ぶりをみると、大藪作品は、推理小説畑においてこそ高く評価され、縦横無尽に活躍できたものと考えられる。大陸に育ち、日本の敗戦で地獄に突き落とされ、〝絶望〟から再出発した大藪春彦には、野獣の掟が支配するハードボイルド小説の世界こそ、最適だったのだ。

（平成21年「ベストセラー作家 その運命を決めた一冊」北辰堂出版）

山田風太郎と『くノ一忍法帖』

不羈奔放な作家

日本の推理小説の元祖・江戸川乱歩は、山田風太郎の作風を「不羈奔放《ふきほんぽう》」と評したことがある。推理専門誌「宝石」の懸賞小説で、彗星のように登場した当初から、山田は奇想の作家として知られていた。

奇想ぶりは、小説の上だけでなく、日常生活においても、変人ぶりを発揮し、原稿依頼に訪れる編集者たちの度肝を抜いていた。山田風太郎ともっとも早くから交流のあった山村正夫は、初対面の思い出を『推理文壇戦後史』で、次のように紹介している。

「ごめんください……」

と声をかけて、玄関の格子戸に手をかけると、ガラガラとひらいた。

土間に立って何度か同じ言葉をくり返したが、返事がない。留守かなと思ったが、たしかに人の気配がする。私は玄関の右手の、板塀にかこまれた、二坪ほどのちっぽけな庭へまわってみた。

出前の空丼が出しっぱなしになっていて、残り物を近所の犬が来て食べている。

縁側越しにもう一度大声で呼ぶと、六畳の間でドテラ姿の人物がむっくりと起きあがって、障子がひらいた。

「まあ、上がれや」

眠そうな目をこすって、眼鏡をかけながらそういったのが山田氏だった。


山村正夫は、すすめられるままに、自己紹介なしで六畳の間に上がり込むが、その部屋の乱雑ぶりは、あぜんとするすさまじさだった。

万年床の枕もとには、煙草の吸殻や空罐、読みかけの本が投げ出してある。布団のまわりには、飲みかけの日本酒の一升瓶や、空瓶が林立。

食料類も畳にじかに投げ散らかされていた。その畳は、煙草の焼け焦げと食べ物のしみだらけで、そばのチャブ台には、蓋をあけた鮭罐と蟹罐が、蠅のたかるままに放置されているという有様——。

どうやら山田氏は、前夜深酒をしたか、朝酒を飲んだか、いずれにしても酩酊をして眠りこんでおられたらしい。氏はまだ酒気を帯びた面持ちで、布団のわきに座って私をジロッと見るなり、

「酒は飲めるんだろう。ともかく一杯やれよ」

と、やおら一升瓶に手をのばして、冷酒を湯呑みにつぐなり差し出された。

罐詰の鮭や蟹に、一升瓶の醤油をぶっかけると、たちまち山賊のような酒盛りがはじまった。私は度肝を抜かれて、用件を切り出すことも忘れてしまった。

山田氏が私をまじまじと見なおしたのは私が湯呑みの冷酒を飲み干して、まもなくである。

「ところで、あんた誰だっけ？　何の用で来たの？」

氏は初対面の私を、それまで怪しもうともしなかったのである。

また、原稿依頼に初訪問した、能弁な編集者に対し、山田は適当に相槌をうちながらしゃべるままにまかせていた。そのあげくに、

「今日は、あんたが99・8パーセントしゃべった。僕は0・2パーセントしかしゃべらせてもらえなかった」

と断った上で、

「僕はもう、どんなに頭をしぼっても一行も書けないよ。書けるものは、本当になんにもないんだ。あれば書きますよ。だが、いまはなんにもない」

と、もっぱら、作品のモチーフはなく、アイデアが枯渇し、果てには、二、三年の生命だとも、つけ加えた。

それでいて、何回か頼みこむと、奇想天外な忍法小説を書いてくれた。それらの作品は無類の面白さだった。

…その夕、秀頼の霊をまつる持仏堂の灯明の下でくりひろげられた『やどかり』の秘技ほど、この世のものならぬ凄惨妖艶の光景はなかった。

ふたりの女忍者は、身にまとうすべてのものをかなぐりすてた。四本の腕と四本の足は八匹の白い蛇のようにからみあい、そしてお瑤のふくらんだ腹は、お眉のくびれた腰にぴったりとおしつけられた。それは抱き合ったふたりの女というより、怪奇な万華鏡の花のような姿であった。やがて、お瑤の腰が、律動を開始した。それは波濤のように去り、しだいに狂乱の相を呈した。よほどのことがあっても悲鳴をあげぬ女忍者の口から、おさえきれぬうめきがもれ、密着した四つの乳房はしだいにたかく波うち、そのあいだから白い汁がしたたりおち、そして戦慄りし、痙攣する四つの下肢のすきまから、血と羊水がながれおちはじめた。

どれほどのときがたったか——魔酔のごとき時がすぎて——見ているか、水晶のように凝然と見はられた千姫の眼は見ているか、いいや、それは、ただ夢をみているると同様であった。なんたる幻怪、上の女の腹部の白い隆起は、徐々にさがってきえてゆき、下の女の腹部が、しだいにむっちりとふくらんでゆく……

これは、作者自身が、およそ八十編に及ぶ忍者小説の中で、傑作中の傑作と推奨する『くノ一忍法帖』の「やどかり」の描写である。腹中の胎児を、別の女の体内に移してしまうという奇抜な忍法で、移しかえられた胎児は、豊臣の血統をつぐものとなっている。

この作品――『くノ一忍法帖』は、山田風太郎の忍法シリーズの中でも、図抜けた傑作だった。大坂落城のとき、豊臣家の血が絶えるのを恐れた智将真田幸村が、真田配下の信濃忍法使いの女忍者五人に、秀頼の子を身籠もらせ、豊臣家の再興をもくろむ。城は翌日落ち、秀頼と淀君らは自害。千姫は救い出されるが、秀頼の子ダネを宿した女忍者も、千姫の侍女にまじって脱出に成功する。

その情報は、伊賀者の初代服部半蔵の長子で、浪々の身であった源佐衛門から、家康に伝えられた。天下統一の悲願を果たし、ご機嫌だった家康は、色を失った。

「なに、秀頼の子を身籠もった女が、お千の侍女の中におると？」

徳川家千年の栄華を夢見る家康は、伊賀忍法の名手五人を使って、秀頼の子ダネを宿す信濃忍法の女忍者の絶滅を命じた。伊賀対信濃の忍法戦は、同時に男忍法対女忍法の対決であった。そして、ことごとく男女の性技にからんだ忍法となっているところに、『くノ忍法帖』の抜群の面白さがあった。
読者は山田風太郎の奇想天外のアイデアに乗せられて、エンターテインメントの世界に遊べる仕掛けになっていた。理屈なしの面白さが横溢していた。いまひとつ「夢幻泡影」の件にふれてみよう。敵をすべて、女陰から出る泡の中に閉じ込め、胎児のような生物にかえてしまう忍法だ。

美しい銀灰の泡は、かぎりなく女陰から盛り上がり、風にとぶ。風のなかに、それはちぎれて、一つずつ子宮のかたちにふくれあがり、幾十幾百となくもつれあい、薄明に蒼い虹をまわしつつ、音もなく野面をながれた。それが黒鍬者が相ふれたとみるまに、彼らはその巨大な泡のなかで、首をおりまげ、手足をぎゅっとちぢめてうごかなくなってしまう。まるで子宮の中の胎児そっくりに……

山田風太郎の忍法のダイゴ味は、次に説明するようなガクジュツ的合理性が、時にはつけられていることである。

女陰から分泌された泡そのものは現実であった。しかし、この泡がそのような魔力を発揮するのは、催眠術における水晶珠と同様な一種の幻覚作用であろう。しかし、それは飛んで火に入る夏の虫のように、当人にはどうすることもできない本能的行動であった。人はむかし水棲動物であった。暗くてあたたかな子宮は、女体の奥にある海底である。人はその故郷へかえろうとする本能をもつ。性交そのものが、この海底のごとき胎内へかえろうとする象徴的本能だという精神分析学者もあるくらいである。性交、まさにそのとおりだ。先をあらそってその子宮型の海に身をなげいれる男たちは、卵巣からはなれた卵子めがけて突進する精子そっくりの姿であった。

ナンセンスなこじつけ——といえば、それまでである。その種の輩は、風太郎忍法の読者足りえないだろう。作者は、それを承知の上で、

「だれも額面通り受けとらないことを、さももっともらしく、ぬけぬけと書くところに忍法帖の魅力があるのではないか」

と言っているのである。

風太郎忍法は、それでいながら全作品を通じて、ストーリーの展開は変化に富み、描写は入念に描き込まれて凝っている。荒唐無稽のようでありながら歴史上の人物が活躍するくだりは、史実に照らして納得できるシチュエーションになっていた。

——そして、山田風太郎は、妖艶凄惨美を好んで描く作家といえた。戦後の大衆小説に一時代を画した〝山田忍法〟は、その美学を読み物に託して展開された一大ページェントだった。

山田風太郎忍法ブームは、昭和三十年代の後半、突如として出現した。講談社から発行

された『山田風太郎忍法全集』全十五巻は、時ならぬ、〝忍法竜巻〟を出版界に起こし、売れに売れた。誰も予測しえなかったブームであった。評論家・尾崎秀樹は、「社会的疎外になやむ現代人のストレスを解消してくれる一服の清涼剤」と分析した。

新書判二百五十円。作品の発表順にしたがって出版されたが、当初は十巻を予定していた。昭和三十八（一九六三）年十月の『伊賀忍法帖』を第一巻に、以下『江戸忍法帖』『飛騨忍法帖』『くノ一忍法帖』『外道忍法帖』『忍者月影抄』『忍法忠臣蔵』『信玄忍法帖』『風来忍法帖』（上・下）の十巻がそれだった。

作品の年譜によると、『甲賀忍法帖』を光文社の「面白倶楽部」に連載したのが、三十三年から四年にかけてであった。そして、忍法全集が三十八年秋の発行であったから、ほんの数年の忍法ものをまとめたにすぎなかった。いずれの作品も、クラブ雑誌や大衆的な週刊誌に連載され、読まれて記憶にも新しいはずであった。

ところが、山田風太郎の作品は、忍法にかぎらず、推理小説も奔放奇抜なアイデアと、旺盛な筆力で書かれているにもかかわらず、一部の好事家以外には、さして話題にあがらなかった。発表の舞台から推して、クラブ作家の作品と、十把《ぱ》一からげにされて、軽んじられていたのかも知れない。

推理小説が、純文学畑の松本清張が筆を染めるまで日陰の存在であったように、斬新奇抜のアイデアと、肉体を極限のところまで変形させる山田忍法は、立川文庫の現代版程度の評価しか得られなかったのだろう。出版界でも、抜群の面白さをもちながら、〝山田忍法〟

は一冊の本にまとめても、華々しく売れる小説ではなかった。事実、忍法ブームになるまでは、山田風太郎の小説で、ベストセラー入りするものはなかった。

それが、全十巻の全集となるに及んで、その相乗効果によって俄然、一大ベストセラーとなったのである。目ざとい週刊誌は、早速「二〇八人の忍者を生み出した男」「山田風太郎という男性」などの特集を組んで、あらためて風太郎作品の解剖、作家・山風の魅力の分析にかかった。

投稿魔からの出発

「名は体を表わす」というが、山田風太郎は忍法小説には、まことにかなった名前であった。しかし、この名前はペンネームで、命名の由来は、遠く中学時代に発していた。

私は田舎の旧制中学のころ、四人の仲間を作って日夜よからぬことを企む、まあ不良中学生だった。まあというのは、そのころは町の映画館にはいっても停学処分を受けるという、太平洋戦争直後の時代だったからである。実際に私は停学をくらったのだが、この仲間同士がおたがいに連絡するのに、それぞれ、雨、風、霧、雷という隠語を使った。そのとき私の符号は『風』だった。

一方、そのころ「受験旬報」という雑誌があった。いまでは「蛍雪時代」という名になっている。私は中学の寄宿舎にいたのだが、この雑誌をとっている生徒が少なくなかった。私は『いやなものはやらない』という性質で、いまでもその通りだが、受験勉強は大嫌いだから一切やらなかったけれど、この雑誌に毎号『学生小説』を応募していたのにふと応募して見る気になった。そのときのペンネームを風太郎としたのである。

そして、その結果、処女作？が掲載されたのが昭和十五年二月上旬号だったから、書いたのはおそらく十四年だったのだろう。つまり私のペンネームは十七歳以来ということになる。（『風眼抄』）

山田風太郎の名前は、中学時代のいたずら心から誕生したことになる。本名は誠也であった。大正十一（一九二二）年、代々の医者の家に生まれ、彼は医師になることを宿命づけられていた。五歳のときに父を、中学一年から二年にあがる春に母を亡くした。この母は、風太郎が小学四年のとき、叔父と再婚していた。

「以後、私にとって薄闇の時代が始まる。この年齢で母がなくなることは、魂の酸欠状態をもたらす。その打撃から脱するのに、私は十年を要した。この十年ばかりの悲愁の記憶は、いつの日か私が死ぬとき、総括して私の人生は決して幸福ではなかった、という感慨をさえ持つのではないか、と思わせるものであった。」（『わが家は幻の中』）

後年、こう記させるほどに母の死は、風太郎にとって衝撃だった。中学時代の不良交友、受験雑誌へしきりと小説を投稿したのは、現実からの逃避を図り、虚構の世界へ想念を飛

山田風太郎（右）と著者。

翔させ、つかの間でも「魂の酸欠状態」からのがれようとした、そのあがきであっただろうか。

受験雑誌への投稿は、「旬報」に入選した『石の下』を嚆矢《こうし》に、二ヶ月後に、『鬼面』。翌年四月に『白い舟』、さらに『陀経寺の雪』『鳶』とつづけざまだった。山田は、この年――昭和十六（一九四一）年に豊岡中学校を卒業し、翌十七年八月下旬に上京、沖電気に入社した。医者になって家をつぐことを宿命づけられている身で、いきなり電気会社に入ってしまったのは、度重なる停学のため、当時上級学校に入学するためのパスポート〝教練合格証〟がもらえなかったからだ。

医学専門学校へ入学する三年近い浪人生活で、彼は手当たり次第に小説、講談の類を読みあさった。昭和十八年には、「受験旬報」が改題した「蛍雪時代」に『国民徴用令』『勘右衛門老人の死』『蒼い穹』を発表したが、あまり同一人が入選しすぎるというので、一時は春嶽久とペンネームを改めたほどだった。その名の由来は、父の戒名春嶽院と亡母の名、寿子《ひさこ》からとったものだった。

昭和十九年三月、召集されたが肋膜炎のため即日帰郷。その四月に、ようやく医者となるべき学校へ入学した。二十二歳になっていた。医専在学中に、山田はまたぞろ、アルバイトとして小説執筆を思い立った。戦後の激しいインフレと両親を失って叔父から学資を得ている肩身の狭さから脱出を図ろうとしたわけである。

職業的作家となるきっかけとなった小説は、創刊間もない「宝石」の第一回懸賞小説に入選した『達磨峠の事件』だった。

このときの応募条件は次の通りであった。

・書き下し創作たること
・取材自由
・枚数　三十枚まで
・締切り　昭和二十一年八月末日
・発表「宝石」十月号
・賞金　一枚五十円までの稿料
・審査員　江戸川乱歩、水谷準、城昌幸

当時「宝石」は、十万部近い堂々たる探偵小説専門誌だった。応募作品は二百篇を越えた。十月号誌上に発表された当選者は、飛島高、鬼怒川浩、独多甚九、香山滋、山田風太郎、岩田賛、島田一男の七人で、選者から一番高い評価をあたえられたのは飛島高だった。香山滋がついで最も特徴ある作品と評され、新聞記者上がりの島田一男は、少々あきれる達文と、文章力をほめられていた。

作品は、昭和二十二年「宝石」新年号に掲載された。山田風太郎が「宝石」に応募した経緯は、次のような事情からだった。

「実はそれまで私は探偵小説などに特別の感心があるわけでもなく、ただ創刊早々の『宝石』を田舎の友人に送ってやるついでに自分も読んでみて、この程度のものならおれにだって書けるサ、と学校で生かじりの法医学を――利用して書いて……」

その内容は、江戸川乱歩が、「山田風太郎君はまだ医科大学生であったが、当選作はありきたりの探偵小説で、後の奇想縦横の作風を見せた山田君の作品としては甚だ穏健なものである」と、労作『探偵小説四十年』で評された程度の作品だった。

山田風太郎は、敗戦翌年の暑い夏のさ中に、進駐軍配給の少々ウジのわいたコンビーフの罐詰を「ウジだって蛋白質だ」と、変な医学知識で納得させて、ムシャムシャと食いながら書いたのだという。

「これが当選したことこそ奇蹟で、いまではいかなる雑誌の新人賞でも問題になるまい。それが何かのまちがいで当選したことから、それ以後、私がともかく作家として一生飯を食う運命が導き出されたのである。もののはずみとは妙なものだ。」(『風眼抄』)

この入選作でもらった賞金は、千円だった。インフレ時代とはいえ、学生にこの高額な賞金は、たいへん価値のあるものだった。カリカチュア的表現を好んで用いる山田風太郎は、後年、この大金に惑乱された自らを、

「『作家とはいいものだな』と感じいったのがあやまちのもとで、のちに雑誌の奴隷となる破目を呼び、いまから思うとやっぱりお医者サンになって、武見会長の号令一下、無抵抗の有害有益の人類をイビっていた方が痛快であったかも知れない」

と、述べている。

山田風太郎が、ここで述べるように、もし本来の目的であった医師となっていたら、話

題に富んだ町医者として、人望を集めていたかも知れない。しかし、日本の読書人は、医学知識を駆使しての、斬新奇抜の〝風太郎忍法〟に接することはできなかったし、明治の偉人、文人、知名士が奔放に躍る、彼の伝奇ロマンは読めなかったにちがいない。

町の行事の際、貴賓席にすわる〝町医者〟が一人出現しなかったことを、日本の出版界はよろこばなくてはならない。

医学知識を駆使した忍法小説

昭和二十二年、アルバイトのつもりで書いた小説『達磨峠の事件』がはずみとなって、山田風太郎は医科大生の身で、次々と商業雑誌に作品を発表しはじめる。昭和二十五（一九五〇）年三月、東京医科大学の卒業までに、三十本にあまる中編、短編の探偵小説を発表しているが、その多くの作品中には、医学的知識が巧みにちりばめられ、一見、奇抜と読めるストーリーの中にも、その知識からくる合理性の匂いがあった。

昭和二十三年、「宝石」九月号誌上で、「探偵作家新人コンクール」が発表された。第一位は『虚像淫楽』、一〇八三票の山田風太郎だった。以下、香山滋『緑色人間』、九三二票。岩田賛『絢子の幻覚』、八八一票。島田一男『太陽の目』、七八四票。天城一『高天原の犯罪』、三二七票の順で、一位の山田には、賞金一万円が贈られた。

翌二十四年二月、短編『眼中の悪魔』『虚像淫楽』の二篇によって、第二回探偵作家クラブ賞を山田は受賞。早くも探偵作家の地位を確立した。この二篇のうち、前者は愛人を知人に奪われた青年が、自分への信用を利用して、自らは手を下すことなく犯罪を構成するといった読み物であった。

『虚像淫楽』は、「生ける屍となった女性の無言の意志の中から、その愛情の奇妙な心理を抉り出した的確な技法が効果をあげ……」(中島河太郎)た作品だった。

そして山田風太郎は、戦後派作家五人男のひとりに数えられる存在となり、昭和二十四年九月七日の「読売新聞」の文芸欄で、鬼才芥川龍之介をひきあいに、次のように紹介された。山田にとっては面映ゆい一文だった。

探偵小説の戦後派作家新人の中から五人を選ぶことは割にやさしい。それほど出色の作家がちょうど五人いるからだ。一昨年登場した香山滋、山田風太郎、島田一男、昨年登場した高木彬光、大坪砂男の五人である。(中略)

山田風太郎は、作風、容貌ともに小型の芥川龍之介だといった人がある。まだ、医大をでたばかりの青年、文学的素養は到底芥川に至らないが、取材の好みといい、大正期ふうのニヒリズムと反自然主義的傾向といい、初期の芥川に似たところがないではない。闘志はさかんで、先輩横溝正史に短編作での挑戦を申しいで、横溝また莞爾《かんじ》としてこれを受け、本年度において戦いを決せんとしているという佳話がある。

山田風太郎のむきだしの闘志は、日常の生活の中にも見られた。酒二升、どぶろく二升、ビール二ダースを飲んだとか、泥酔して新宿のやくざとケンカ、あとで聞くと、それは新宿の大親分だったという伝説もあった。

また、ある夜、神宮外苑で不審尋問にあった。このときも、泥酔していたが、「どこからきたか」と聞かれて「あっちから」と答え、「で、どこへ行く」と聞くから「向こうへ」と迷答して、おまわりをひどく怒らせたという話もあった。

奇人とも思える生活を送りながら、作家としての山田は、本格推理を手がける一方、その医学的知識をよりどころに、『双頭の人』『人間華』『黒檜姉妹』『蝋人』など畸型や、異常心理を取り上げて、歪んだ人間の欲望を書きまくった。江戸川乱歩の系譜につながる作品群だった。

山田風太郎が、作家生活十二年を経て、忍法ものに新境地を拓くのは、『風太郎水滸伝』をすすめられたことからだった。講談社から中国の『金瓶梅』に想を得て『秘鈔金瓶梅』を出版した折、『水滸伝』の百八人の豪傑を風太郎調に書いてみては、と言われたのである。『水滸伝』には百八人の豪傑が登場するが、彼は『風太郎水滸伝』を書くのなら、そのひとりひとりに変わった武器と武術を具現させて縦横無尽に活躍させてみようと考えたのだ。

しかし、原作には二十種程度しか出ていない。史実を調べ、空想の翼をひろげてみたが、〝奇才〟山田風太郎にして、四十数種類しか想い浮かばなかった。そのため、『風太郎水滸伝』は自然消滅の形となり、かわって浮かんできたのが、忍術を対象に独自の術を創造し、ストーリーを作ってみようということだった。忍術は、歴史上に傍流の史実として出てくるもので、もともとが不完全で伝説に彩られた部分がほとんどである。尾崎秀樹は、労作『大衆文学』の「虚構のなかの英雄たち」で、「ほんらい忍びの術とは、甲賀や伊賀の貧しい地侍たちが生き抜くために考えだした生活手段の一つにすぎない」と規定し、つづけて次のように述べている。

階級分化が進むにつれて、持つものと持たないものの格差がいちじるしくなり、土地を持たない連中は旅芸人となって諸国を遍歴するか、さもなければ忍者として、体術の習得にいそしみ、パンの糧をつくり出す以外にはみちがなかった。伊賀と甲賀では多少自然環境が異なるが、国境によって分れているだけのことで、体質的なちがいがあるわけではなかろう。伊賀には下人と思われるものの名が多く残り、甲賀ではかなりの身分のものが忍者にまじっていたらしいことが特徴の一つに数えられる。俗に甲賀五十三家といい、伊賀四十九流というが、流派のちがいはほとんどみられない。藤林長門守や百地三太夫の墓はのこっているが、それにしても伝説のとばりから脱け出してはくれないのだ。

アイデア豊かな作家にとっては、尾崎の言う「伝説のとばりから脱け出してはくれない」忍者の世界は、空隙につけ入って、いくらでも話は創れるわけであった。まして、医大出身の山田風太郎にとっては、医学知識を応用することによって、人間の肉体を〝忍術〟の名のもとに、どのようにもデフォルメできるはずであった。山田風太郎の医学知識を活かした作品は、すでに数多く発表され知られていたから、山田が忍術の分野へペンを向けるとなると、その発想と手法は新しいジャンルの小説に応用されるのは必然と見られていた。

山田は、忍法小説の発想にあたって、

「鳥の視覚、犬の嗅覚は、人間の数倍、数十倍だそうだ。で、人間の感覚や機能を動物的極限、物理的極限まで発揮させて相たたかわせたらどうなるだろう、というのが忍法帖シリーズのそもそもの最初のアイデアであった」

と述べている。そして、忍法シリーズの嚆矢となった『甲賀忍法帖』を書くにあたって、「忍法帖」としようか「忍術帖」としようかと、ずいぶん迷ったと、後年記している。

「忍法という用語が定着していなかったからだが、しかし僕がそれを発明したという覚えもない。定着していなかったにしろ、どこかにこの言葉はあったのである。

いったいそれが何に由来したか、長い間僕はくびをひねっていた。それが最近『神州天馬侠』の中に『忍法試合』という言葉が出ているのを知るに及んで、やっと多年の疑問が氷解した。むろん、完全に忘れていたが、ほかに覚えのない以上、その淵源はここにあったと推定するよりほかはない。

そして、たんに忍法という用語ばかりではない。よくよく考えてみると、立川文庫を読んだ記憶のない——立川文庫が流行したのは僕の生まれる以前のことであったらしい——

僕に、忍法小説など書く能力を与えたのは、ほかの何よりも、少年時代に読んだ『神州天馬侠』などの面白さではなかったかと思うこともある」

と、忍法の発想のルーツを、吉川英治の初期の作品『神州天馬侠』にあったことを告白している。つまり、この作品に盛られた吉川英治の空想力、抜群の物語の構築力——それにもましての作家・吉川英治の「異常なばかりの熱情」が、少年の日の山田誠也の心を動かし、長じて作家・山田風太郎に〝忍法もの〟を書く能力とエネルギーを付与したもののようである。

さて、風太郎忍法の一番バッター『甲賀忍法帖』は、徳川三代将軍の座をめぐって、伊賀忍者、甲賀忍者各十人が、秘術を傾けて勝負を決するというストーリーである。家康の孫竹千代か国千代かで、家臣たちが両派に分かれて争っては一大事と、大御所が迷いに迷った末に下した裁断が、

「伊賀忍者、甲賀忍者各十人をもって勝負させ、伊賀が勝てば竹千代、甲賀が勝てば国千代……」

というものだった。

忍者集団の争いとなれば、手練手管を加えた忍法が次々と出てくる。口から槍の穂を吹く忍者、蜘蛛の糸を張る者、全身鞠のように膨張し、また縮小できる男、万物の形状と色彩の中に没入できる者、泥の死仮面によって自在に他人の顔となれる男。あるいは全身の毛穴から血しぶきを噴出する目眩し術の女、塩に溶けるナメクジ忍者、骨の鞭となる男。

すべての忍法の力を奪う破幻の瞳の術……十人対十人のグループだから、忍法はその人数分だけ出てくることになる。

その忍法は荒唐無稽ではあっても、医学を学んだ山田風太郎の医学上まれに見られる現象の解説もつけられて、フィクションに信憑性を与える芸の細かさだった。

きものに手がかかると、それは裂けて、朱絹は上半身むき出しになった。ひと目みるや否や、さすがの甲賀弦之介が、おう！とのどの奥でさけんだ。朱絹の裸身は朱色にぬれていた。肩、腰、乳房――いちめん、淋漓《りんり》と鮮血をあびて、

『勝負は、まだっ』

と、さけぶと、恐怖の目を見張っている鵜殿丈助めがけて、幾千万かの血の滴をとばせた。おお！　この女は血を吐くのだ。その全身の毛穴から、血のしぶきを噴出するのだ！

――古来、人間の皮膚に生ずるウンドマーレーと呼ぶ怪出血現象がある。なんの傷もないのに、目、頭、胸、四肢からふいに血をながすものであって、ある種の精神感動が血管壁の透過性を昂進させ、血球や血漿が血管壁から漏出するのだ。思うに、この朱絹は、この怪出血現象を意志的にみずから肉体に起こすことを可能にした女であったに相違ない。

これは、伊賀組十人衆の一人、朱絹の忍法とその現象の説明だった。〝風太郎忍法〟の面白さを発揮する独壇場ともいえた。現実にはありうるはずはないと考えられる忍法に、

彼は医学書をひもとき、まれに起こりうる現象であるとの裏づけを与え、忍者の超人的な修練によってそれは忍法になりうるとしている。いまひとつの例をあげると、甲賀組十人衆の風侍将監は、蜘蛛のように粘っこい糸を吐く忍法をもっているが、山田はそれについて、次のように説明するのだった。

風侍将監の吐く物質はいったい何なのか。それはやはり唾液であった。人間が一日に分泌する唾液は千五百ccにおよぶ存外大量のものである。思うに将監の唾液腺は、これをきわめて短時間に、しかも常人の数十倍を分泌することを可能にしたものであろう。しかもそれに含まれる粘素《ムチン》が、極度に多量で、また特異に強烈なものであったと思われる。ここまでは異常体質だったとしても、それを息と歯と舌であるいは粘塊として吹きわけるのは、やはり驚嘆すべき練磨のわざだ。

驚嘆すべき奇想力

人間の生理、肉体現象を医学者の眼を通して見、次に奔放なフィクションで風太郎忍法の味づけをするその奇想力は、驚嘆すべきわざであった。

山田風太郎は、いったい、どのような資料と想像力を駆使して、読者を驚嘆し呆れもさせる忍法を書いたのか。山田は先にもふれた、人間の感覚や機能を、動物的極限、物理的

極限まで発揮させる……云々が、忍法シリーズの最初のアイデアだったと述べた後で、

「こういう発想はすぐに尽きる。それで次には百科事典か字引きをいいかげんにひらいて、使えそうなものを拾いあげて、それを核にしてひねり出す。しかし、そういう方法にも限度がある」

といったものだった。そして、さらに〝煙遁の術〟ともいう、韜晦戦法で次のような口吻をもらしている。

「それより、発想の最大原動力は原稿の締め切りである。とにかく約束した以上は書かなければならない。その切迫感だけで、ほかになんのたねもしかけもなく、アイデアがころがり出してくるのである。出てくるアイデアそのものより、このからくりの方が、われながらよっぽど、まかふしぎである」

こともなげに、こう言う山田だったが、人知れぬ苦労は、その都度味わっていたようだ。たとえば、忍者を千両箱の中に入れる必要に迫られたとき、人間が一塊になると、どのくらいの体積になるものか実験をこころみた。「夜中にいきなり風呂場に入って、垢の浮いている残り湯に、頭もなにもかも沈没させてみた」のである。

「深夜ひとりで、濡れた頭をふりたてふりたて、黙々として湯を一升瓶で計っている姿は、われながらもの哀しくもあり、ばかばかしくもあった。高校にいっている親戚の娘が遊びに来ていて、夜中に風呂場でひとりでさわいでいる物音をきいて『何をしているの』と起きてきた。『僕のタイセキをはかっているんだ』と憮然としてこたえたら、おなかをかか

えて笑い出し、しまいに苦しがって、ヒーヒーという声をたてはじめた。」

しかし、この喜劇的な実験の結果は、『忍者月影抄』に、見事に生かされたのであった。そのくだりは、次の場面である。


百沢志摩は、実に水を入れて二斗あるかなしの千両箱に入っていたのである。——それはあり得ないこととみえて、不可能なことではなかった。そもそも人間の体積はどれくらいあるものか。体積といっても、立方寸、立方メートルではふつうにぴんとこないから、水の容量でいおう。曾て作者は風呂に入ってからこれを実験したことがある。私は十五貫と若干という貧弱な肉体の所有者であって、湯の浴槽に頭部もふくめて沈んだとき、あふれた湯の量はわずかに二斗二、三升にすぎなかった。してみれば、その私よりはるかにやせて小柄な百沢志摩の全体積が、二斗以内ということも充分あり得るのである。

ただ、そのためには、全身を粘土のごとく、方円の器にしたがう一塊のものとすることを要する。それが、この忍者には可能なのであった。彼は全身の関節をすべてはずし、あらゆる骨を軟骨様のものにかえた。十二対の肋骨は下方にしごかれて傘のごとくおりたたまれ、頭蓋骨ですら、矢状縫合、冠状縫合、三角縫合の組みあわせが相重って縮少した。人は、生まれたばかりのあかん坊の頭部のかたちが、異様にいびつなものであることを知っているであろう。これは胎児が産道を通過するとき脳内液を脊髄管内に流転させて、頭部を小さくする『骨重積』の現象とおなじ頭蓋の応形機能であった。

医学を学んだ山田風太郎の生理学知識の投入がそこには見られ、ひとつのアイデアを開発するのに、並々ならぬバック・グラウンドのあることをうなずかせた。

この傾向は、山田のどの作品にも共通することだった。登場人物は多彩で、変幻自在、一見、筆の走るままに書かれているようだったが、史実をふまえた上に構築されたフィクションとなっていた。彼は、厖大な資料を渉猟《しょうりょう》した上で、「風太郎年表」を作成し、それによって作中人物を動かしていた。

「歴史物を書く作家は、だれでもそうだろうが——しばしば、一つの作品を書くときに、その作品用の、自分用の年表をつくる。

その年表の原型は、むろん史実にもとづいたものでなければならない。いかに小説が面白くなるからといって、歴史的な事件を勝手に逆転させたり、移動させたりしてはならない。フィクションは、正確な年表の上に構築されなければならない。」

しかも、山田の原稿は、一部流行作家の書きなぐりとちがって、マス目に丁寧な文字で埋められていた。ある出版社の編集者が、一度山田の原稿を紛失したことがあった。血気の失せた顔でお詫びにあがると、山田は意外とあっさり、翌日までにまた書き下してくれた。前日、いったん受け取った原稿と、記憶の上では寸分もちがわぬものだった。風太郎忍法を地でいったような実話だが、これは、山田が小説を、いったん大学ノートに書き下し、その上で原稿に清書しているからだった。その方式は、ゆるぎない、山田風太郎の執筆姿勢だった。

　山田風太郎をよく知る山村正夫は、山田ができるかぎり仕事をセーブし、寡作である理由を「ものぐさ」の一面からだと、次のように言う。

「……流行作家ともなれば、月産八百枚から一千枚の原稿を書き飛ばすのがふつうの今日、――山田氏は少ないときは、月に五十枚、多いときでも二百枚を超えることがないという事実が、物語っているといえよう。

　ある娯楽雑誌の編集者が、原稿の依頼に氏のもとを訪れたとき、

『いくら金を山と積まれても、書きたくない原稿を書くくらいなら、水を飲んで一日寝ている方がマシだ』

と、断られたことがあるそうだ。

　氏が『宝石』の第一回懸賞に応募したさい、ワラ半紙のノートに豆粒のような字で原稿を書き、清書もしないでそのまま投稿したというエピソードも、そのものぐさのあらわれのような気がしてならないのである。

　ノートに原稿を書くのは、その後も山田氏の習慣になって、五十枚の短篇なら何頁、百枚なら何頁と、頁数で判断がつくということだった。

　独身時代はノートごと編集者に渡し、結婚後は夫人が清書しておられた。」

　しかし、こと作品に対しては、自身に対しても他人にも、ことのほか厳しかった。山村

正夫は、酔った山田から「作家なんかやめてしまえ」と何度も毒づかれたことがあるという。山田風太郎の作家としての厳しさに言及した文章に、「鬼回覧板」（第八号）に〝白鬼〟の匿名で書いた、次のような一文があった。

……私は靴屋でも金物屋でも二流は二流なりに三流は三流なりにこの世に生存価値があると思うんですが、芸術家ばかりは三流以下では、本人のメシの必要をのぞけばこの世に生存価値はないと考えております。でも、そんなことをいえば、日本に小説家は殆んどなくなってしまうと思いますが……（中略）そして、作家の一流二流ということだけは、学識も人生経験も努力もほとんどなんの効果もないのではないかと思っています。天稟《てんぴん》の差です。いたしかたありません。

読み方によっては、驕慢のそしりをまぬがれない一文ともとられようし、天稟のない者――そのほとんどは、それに気づいていないが――には、無惨な一太刀を浴びせた一文ともいえた。よほど自らに恃《たの》むところがないとこのような文章は、たとえ匿名であっても書けないだろう。山田風太郎には、その点――コト面白い奇想天外なストーリー・テーラーとしての〝天稟〟はあった。

「だが、どんな驚天動地の怪奇・妖異も、一回限りの効力しかないのが普通である。たとえば、『甲賀忍法帖』に登場してくるナメクジ人間や再生人間も、二度目にはほとんど怪奇を感じないのだ。したがって、作者は、次々と新しい怪奇を作り出してゆかねばならない、という想像の浪費を強いられる。」（百目鬼恭三郎『現代の作家一〇一人』）

風太郎忍法には、たしかに百目鬼恭三郎の指摘する限界と、書く側の〝天稟〟を浪費させる想像を越えた苦しみを強いるものがあった。

案出された数百の忍法

山田風太郎は、一度用いた忍法、ストーリーの展開は、二度と書かない潔癖さを守っていた。山田の作品を深く読み、理解する中島河太郎は、この点にふれて、

「氏はその数多い忍法帖のなかで、数百の忍法を案出している。同一のものを使用せぬという潔癖さは、同時に氏の作品全般にも通じていた。極度に類型を恐れて、一作ごとに趣向をこらしている。氏が平板陳腐を忌めば忌むほど、発想のユニークさが要求され、事実、氏はそれに耐えてきた。二番煎じでお茶を濁すくらいなら、筆を執らぬという心構えが、類型に食傷している読者に奇想として映じたのは当然であろう。」（「山田風太郎の風刺と諦観」）

と述べている。

この、同一のものは使用せぬという潔癖さで、山田風太郎が世に問うた忍法ものは、昭和三十三（一九五八）年の『甲賀忍法帖』（「面白倶楽部」昭和33・12）を皮切りに、およ

そ十四年間に、〝忍法〟と銘打たれた作品だけでも八十篇に及んだ。

マスコミが、狙った鉱脈に対して示す非情な注文、執拗な懇願には戦慄をおぼえるが、その注文に対して一作ごとに趣向をこらし、類型化しない手法でおびただしい数の忍法を案出しつづけた山田風太郎の斬新奇抜なアイデアには、ただ、驚くほかはない。

しかし、いくら卓抜した〝天稟〟に恵まれた山田風太郎にしても、斬新奇抜な数百の忍法を案出しつづければ、イヤ気がさしただろうし、どんなに脳漿をしぼったところで、アイデアも枯渇してくるにちがいない。

そこで書かれはじめたのが、昭和四十七（一九七二）年以降の一連の「明治開花小説」であった。「開化物と切支丹物は大衆小説の鬼門……」というのが、斯界のジンクスとなっていたのに着眼したのである。

「以前にも、明治を扱った中・短篇は書くことは書いていたのだが、やや本気で長篇の『明治の時代小説』を書きはじめたのは、『幻燈辻馬車』が、『警視庁草紙』につづいて二作目である。大衆小説にとって明治は鬼門ということになっているそうだが、戦国・徳川期はどう書いてももう手垢にまみれ過ぎているような気がし、それ以前の時代となるとだいぶ縁遠くなるような感じがして、比較的まだ扱われ方の少ないこの時代に手をつけて見ようと思いいたったからだが……」

山田風太郎は、開花期を舞台に、歴史のワクから外れず、そのワク内で虚実ないまぜの世界を構築、〝伝奇ロマン〟の傑作を続々と発表しはじめたのである。

出版界の流れを変えた〝劇画ブーム〟〝SFブーム〟が、山田風太郎忍法の直後に出現したことを考えるとき、この作家は、その後の主要テーマになった〝開化もの〟も加えて、戦後の新しい大衆文学の開拓者としての地位を確立したとみるべきだろう。

現に、山田風太郎の作品は、各社から続々刊行されているし、克明に書かれた日記も出版されていて、時代相を知る貴重な一級史料の評価をえている。また、古今東西の聖者から凶悪犯罪者、政治、経済、文化、芸能、スポーツと広範囲にわたる人間の臨終の様相を、年齢ごとに集成した『人間臨終図鑑』という浩瀚《こうかん》な著書もあり、山田風太郎の作品は、二十一世紀に入っても強い生命力を持続しているのである。

（平成21年「ベストセラー作家 その運命を決めた一冊」北辰堂出版）

阿佐田哲也と『麻雀放浪記』

覆面作家の登場

眼と鼻と口以外を覆面でおおったプロレスラーの登場は、その正体を解き明かそうという気持ちを観客に抱かせる。そのミステリアスな雰囲気は、見る者の好奇心を増幅させて、勝負をさらに面白いものにする。

小説にしても同じことだ。作者が正体不明の覆面作家であり、作品が実在作家の片鱗をいささかもみせない内容と文体であった場合、読む者の興味をいやがうえにもかきたてる。

阿佐田哲也が、無類の面白さにみちた麻雀《マージャン》小説を舞台に、忽然と登場したときの雰囲気は、〝覆面作家〟にまことにぴったりした登場ぶりだった。

昭和四十四（一九六九）年の春先の頃だった。

その頃、銀座のレストラン「白汀」で、「週刊大衆」主催の田辺茂一と梶山季之の対談が行われたことがあった。当時、同誌の編集長であった筆者（塩澤）と担当記者も末席に連なっていたが、梶山は席に着くなり筆者に向かい、

「阿佐田哲也って、何者ですか……」

と、度の強い眼鏡の奥の柔和な眼に、あるおそれの影を浮かべて聞いてきたのである。

阿佐田哲也とは、その頃「週刊大衆」誌上に連載中の『麻雀放浪記』の作者名だった。底知れない魅力を秘めた麻雀は、いったんはじめると一昼夜でも二昼夜でも人を遊びの虜にしてしまう。宵から打ちはじめて朝となり、徹夜を通すことはめずらしいことではない。

その麻雀の実態を、「アサダテツヤ」というフザケたペンネームに結びつけて、とてつもなく面白いギャンブル小説を書きつづけている謎の人物だった。阿佐田哲也の『麻雀放浪記』には、そのフザケた名前にそぐわない、ギャンブル博打《ばくち》に身をもち崩し、修羅場を生き抜いた者にのみ描けるアウトローの世界が、ヴィヴィッドに描かれていた。

その筆力はたしかであった。登場人物の私こと〝坊や哲〟だの〝ドサ健〟〝出目徳〟〝女衒の達〟などの人物が躍動し、なまなかの作家では描けない、おしはかることのできない実力を感じさせた。

月刊誌、週刊誌上に、破天荒なポルノ小説を量産し、〝助平人間〟を自称して八面六臂の活躍をしている〝梶サン〟にも、その人気をおびやかす新人の登場と考えられたにちが

いない。

プロ作家の梶山季之をおそれさせた理由はいまひとつあった。筆力と好奇の世界をのぞかせる新人作家の登場は、昨今、そうめずらしいことではなかった。大衆小説に不可欠なストーリーの展開と面白さを描ける新人も少なくはなかった。しかし『麻雀放浪記』には、日本の大衆小説にかつて、こころみられたことのない新趣向が用いられていたのである。

それは、アウトローたちが、人知をつくしてくりひろげる麻雀戦の様相が、牌《パイ》の配図によって読みとれる仕組みになっていたのである。つまり、麻雀牌自体が主人公たちと一緒に、ストーリーの展開にかかわっていることだった。この筋立ては麻雀打ちにはこたえられない面白さだった。

その一方で『麻雀放浪記』は、麻雀が皆目わからない読者をも、読みふけさせる魅力をもっていた。阿佐田哲也が登場する以前のギャンブル小説のほとんどが、ゲームのテクニックに溺れて、人間がからきし描けていなかったのに較べて、この小説は麻雀を背景にして、普通の小説に近い仕立て……人間を描いていたからだった。

このことは、『麻雀放浪記』から、アトランダムに、一部を引用してみると、より明らかになろう。

恐ろしい形をしたいくつもの黒雲が、すごい早さで空を横切っていた。低気圧が来ているらしい。

私はその頃、中学校の制服を着たまま、毎日上野へ来て、浮浪者と一緒にぼんやり坐りこんでいた。家には商事会社（つまり闇屋の会社だ）に勤務していることになっていた。私の親もご多分に洩れず敗戦で失職し、おまけにインフレで、学校どころではなかった。しかし、私はまだ就職していなかった。まだ見つからぬうちに、家の中の暗い空気に居たたまれず、出勤と称して、毎日家を出ていたのだ。（中略）

もう、夕方であった。

私はいつもの通り、国電で帰宅するために、西郷さんの銅像の下を離れて公園の道を歩き出した。

細道のきわに痩せこけた中年の男が、一人立っていた。おい兄さん、と男は私を呼んだ。

『ちょっと話があるんだ。此所へこいよ』

男の片腕が肩のつけ根から無かった。……

主人公の私こと〝坊や哲〟が登場するくだりだが、その達意な文章はギャンブルを離れても、読者を引っぱっていく力をもっていた。登場人物の一人ひとりが生きていて、その動きは麻雀という背景を抜きにしても読むに耐える魅力にみちていた。

梶山季之が声をひそめて、その正体を訊く理由は、麻雀を知らない編集長の筆者にも理解できた。

「色川さんですよ。色川武大……」

梶山の表情は、謎の人物のフルネームを言い終わらぬうちに和んだ。ピース罐から抜きとった一本の煙草を軽く口にくわえると、

「ああ、色川さんね。色川さんだったらわかる……安心しましたよ」

梶山はそこで言葉を切り、緊張感から解放されたように一息、煙を吐き、間をおいて言った。

「もし素人に、あんなうまい小説を書かれたんでは、僕らはメシの食いあげですよ。色川さんだったら、当然、お書きになる小説でしょう」

その奔放な小説とウラハラに、実生活では長幼の序をわきまえ、きわめて礼儀の正しかった梶山季之は、第六回中央公論新人賞作家・色川武大に深い畏敬の念をこめて、そう言ったのだった。

中公新人賞受賞後の沈黙

色川武大が『黒い布』によって、第六回中央公論の新人賞を得たのは、昭和三十六（一九六一）年九月のことである。第一回の受賞者に、深沢一郎の『楢山節考』を選んだこの新人賞は、特異な資質をもつ新人を発掘する舞台として、文壇の注目を浴びていた。

色川武大の『黒い布』は、丹羽文雄の『厭がらせの年齢』の父親版といわれ、選者の三島由紀夫らの高い評価を得ていた。色川の父親は、予備役の海軍少将であった。彼がもの

ごころつく頃には、すでに恩給で生活する身であったが、この父は海軍提督の姿勢を戦後もかたくなに守って、生きつづけてきた。色川の幼い頃、殴るときに馬鞭を使うような根っからの軍人だった。

偽善にみちた父親に反撥するように、色川武大は子供の頃から、手におえない変わった少年だった。

小学校低学年の頃は学校の便所が使えなかった。我慢に我慢を重ねて、家まで走り帰り、玄関にぶちまけてしまったことが何度もある。朝の洗顔ができない。風呂に入れない。床屋に行けない。衣服をかえられない。合唱ができない。一人ではよけい唄えない。唄の情緒というものは万人共通の顔をしているから。喧嘩ができない。皆がしゃべるときにはしゃべれない。誰もやらないこと以外はすべて抵抗がある。そのかわり、列を離れる範疇に属することならいかなることがあってもおどろかない。

（人並みでないくせに）人並みであろうとするはずかしさを堪え忍ぶくらいなら、孤立、孤独の方がはるかに楽なのである。嘲笑には強い。のみならずそれを逆手にとって生きられるならその方が安定感がある。（『怪しい来客簿』）

幼い時代にグレ、中学無期停学、敗戦とともに博打打ちの世界に沈淪《ちんりん》久しかった〝特異人間〟を知る者は、色川武大の中公新人賞受賞を信じられぬアクシデントと、訝《いぶ》かった。

「君が賞をもらうようじゃ世も末だね」

と、親しい者の一人が、面と向かって色川に言った。嘲笑には強い色川は、常識的人間だったら激怒するような言葉を浴びせかけられても、「ほぼ同感」の思いで受けとめていたという。

それは、ずっと本気で文学に精進している苦節ン十年の刻苦勉励型に較べたら「自分などは冷やかし半分の無頼漢」に、世間の人は見たのではないか、という認識からだった。もっとも、韜晦《とうかい》を得意とする気質を、幼い頃から人一倍に増幅させ、いまや習い性となった感の深い色川の言葉を、額面通りに受けとることには異論もある。が、少なくとも当時は、ドロップ・アウト人間の受賞を、世間は「世も末」と受けとめたことは事実だった。この気持ちは、色川武大の〝表面〟を知る人ほど強かった。自らも好んで、アウトロー、落ちこぼれ、無頼人間伝説をふりまいたきらいがあった。

しかし、その作品『黒い布』だけを読んだ人々は、色川武大を「すぐれた資質をもった新人作家の登場……」と、深い畏敬の念をこめて、熱い眼差しで見つめていた。新人賞の選にかかわった人々も、この新人作家が、原稿のマス目いっぱいを埋める力のこもった文字を書き記して、遅筆ではあるが、確実な作品を世に問うていくものと嘱望した。

色川武大は、だが、世間の熱い期待感を外に、「中央公論」の小説特集に時代小説を一本発表。同人誌の「犀」や「早稲田文学」などに地味な小説を二、三書いたのみで、色川武大の名では、ほとんど作品を発表しなかった。

色川は、沈黙の理由を、十余年後のエッセイで、次のように説明している。

「三十年生きて、小説らしいものが一本書けたのなら、もう三十年、又生きて、それでもう一本書いてやろう。教養ある玄人作家に対抗する作品を書くには、彼等にできない長い時間をかけるより手はない。もし、小説を書く気ならば、三十年とはいわないまでも、じれったくなるような長い時間を、沈黙して生きるよりほかはない。」

いま一つは、「私がたった一度書いた受賞の小説が、本人もびっくりするほど讃辞を呈されて……文章に関することで無責任な所業をしないことが、賞をくれた人々に対する礼儀」と思った故でもあった。

色川武大の本名で書かない理由はなんであれ、栄えある中公新人賞を受賞後、突如、筆を絶って喰えるはずはなかった。自宅は牛込北町にあったから、宿には困らなかったが……。もっとも、十代後半から、比較的ふところに余裕がある場合はドヤ街に泊り、ない場合は、「道ばたや他人の家の芝生や鉄橋の橋げたや、いろんなところに寝ていた……その方が楽だったから」と虚実まじえて記す色川は、時と場合によりどこででも寝られる修練はできていたようだ。しかし金だけは、何らかの方法で稼がねばならない。色川は、筆を絶った代償として、当面の喰いぶちを、競輪と麻雀に頼ったのだった。

敗戦直後の数年間を博打の世界で喰いつなぎ、昭和二十七年以来、足を洗って、小出版社の編集者をしたり、匿名で大衆小説を書いてきたが、十年にして、また元の博打打ちに戻ったわけだった。

いや、正確に言えば、わずかな勤めの時代でも、彼は本質的には博打打ちだった。

……一度、ばくちで稼ぐ味をおぼえてしまったので、似たような、なお面倒なことをする気はない。本当は下品でない生き方をしたかったけれど、職歴学歴なしの私を雇ってくれるところはどこも五十歩百歩のはずだった。

当時私は左のような戒律を自分に課していた。

一カ所に淀まないこと。

あせって一足飛びに変化しようとしないこと。

他人とちがうバランスのとりかたをすること。

ばくちで覚った教訓を応用しているつもりだったが……。（『怪しい来客簿』）

色川のアウトロー生活への回帰は、とりもなおさず、勝手知った世界へ戻ったことでもあった。その彼の気のおけないたまり場となったところは、牛込北町の自宅から徒歩で行ける距離の双葉社だった。市ケ谷の外堀通りに面したその社は、当時、同工異曲の大衆娯楽の読み物雑誌を十数誌出している雑誌社だった。

そこは、色川武大が井上志摩夫のペンネームで発表する剣豪小説の上得意であったし、家族的雰囲気で、遊び好きな編集者が多かった。

その友人のひとりの「宮本祐二郎という編集者と知りあったのが、私には画期的なことだった。彼が競輪の天才だったからである」（『朝だ徹夜で、日が暮れて』）と色川は後年記すが、『小説阿佐田哲也』によると、かなり変型《デフォルメ》された形で、そのくだりは次のように書かれている。

虫喰仙次は、職業は編集者だったが、奴とのつながりは競輪と麻雀だった。……奴は虫喰に、競輪の髄を教わり、麻雀の奥を教えた。（中略）虫喰は奴より二つ年上だったが、苦労して育ち、下積みの仕事を転々としながら、しかし相当に頑強だったらしく、何かに屈したような気配は身につけていなかった。編集者になる直前の職は、魚河岸の運転手である。（中略）当時、魚河岸を舞台にしてヒットした大衆小説の主人公のモデルと囁かれ、それが縁で雑誌社に転入した。そうして半年もすると、素人のはずの虫喰が、その社の五、六十人居た社員たちを魅了し、実質的なボスになった。上役も先輩も糞もない。当時、彼に追随しなかったのは創業主の養子だけだったと思う。

虫喰は昼近くに社に現われ、出勤簿に判を押す。昼休みには同僚を引具して近くの喫茶店に行き、仕事の打ち合わせをし、身上相談に乗り、呼んでおいた作家、画家に会い、（彼の雑誌は大家や流行作家は使わなかった）一時すぎタクシーをつかまえて競輪場に向かう。日曜日だけはどこですごすかわからないが、週日の午後は必ず競輪場だった。（『小説　阿佐田哲也』）

虫喰仙次イコール実在人物、にはならないが、この二人がインフォーマルな関係で、より深く結ばれた友人であることは否めないところだった。彼は、井上志摩夫の小説を高く評価し、自由気ままに発表する舞台を提供していた。その舞台とは「大衆小説」という文字通りの大衆読み物雑誌だった。『小説　阿佐田哲也』では、彼の恣意《しい》で「大家や流行作家は使わなかった……」となっているが、安い原稿料と手軽な雑誌づくりでは、大家や流行作家は使いたくとも使えなかったのだ。

色川武大と双葉社の編集者たちとの関係から、彼が匿名にしろ、ペンネームにしろ、沈黙を破って、問題のエンターテイメントの小説を発表する舞台は、双葉社から発行されているいずれかの雑誌というムードが、二重にも三重にも、醸成されていたのである。

雀豪作家誕生の土壌

色川が双葉社のメイン雑誌「週刊大衆」に、阿佐田哲也の名で麻雀小説を書きはじめたのは、中央公論新人賞を受賞して六年後であった。

「週刊大衆」は、出版社系の週刊誌としては「週刊新潮」「週刊女性」につぐ、早い時期の昭和三十三（一九五八）年四月に創刊されていた。偶然にも、赤線の灯が消される同時期である。「アサヒ芸能」によく似た官能的な編集方針をとった軟派系週刊誌だった。「週刊新潮」が、文芸出版社の伝統を生かした文芸路線で出発し、創刊当初の連載小説に谷崎潤一郎の『鴨東綺譚』、大仏次郎の『おかしな奴』、五味康祐『柳生武芸帳』などを掲載し、明治・大正・昭和三代で培った老舗出版社の実力を申し分なく発揮したのに対し、戦後派の大衆読み物雑誌社で創刊した「週刊大衆」は、連載小説で、まず過酷な試練を味わわされた。

伝統と実績のない非力さで、目ぼしい人気作家の小説は、軒なみ断わられるありさまだった。創刊号に辛うじて間に合った連載小説が、山手樹一郎の浪人ものと、火野葦平の侠客ものだった。それも搦手から攻めて、ようやく掲載を可能にした小説だった。出版社の実力は、創刊される雑誌の掲載広告と、連載小説にもっとも色濃くあらわれるものだ。そして、人気作家の面白い小説は、創刊初期の海のものとも山のものとも知れぬ雑誌の部数を支え、伸長させるのに大きな力を発揮する。

「週刊大衆」の創刊当時は、強引な連載小説をとれるだけの社の力もなく、パンチのきいたトップ記事をまとめる取材陣もそろわず、話題に乏しい冴えない誌面づくりを繰り返していた。二十万部前後に部数が低迷していたことでも、その非力さは知れるだろう。しかし、この社は、創業者社長のユニークな経営戦略で、トータルな面では年々、確実に黒字を計上しつづけていた。

その経営戦略は、社長自らが名づけて〝キャラメル戦法〟といった。一箱二十粒入ったキャラメルは、一粒一粒同じ形で同じ味だが顧客はよろこんで口に入れる。双葉社で編集される十数誌の大衆読み物雑誌も、このキャラメルと同じで、誌名と表紙の絵が異なるだけで内容はほとんど、同じ顔ぶれの同工異曲の小説ばかり……。それでいて、一冊で数万の部数はさばけていた。トータルすれば、百万部近い売上げがある計算だった。

戦後、米穀商から出版業を志したその創業者は、出版業界に罷り通るしきたりも、風習も知らなかった。その強味が〝キャラメル戦法〟などという経営戦略を生み出させたのだ。いまひとつ、用紙は、一括して買い入れ、すべての支払いは現金で決済した。むろん、現金払いの長所を徹底的に利用して、可能なかぎり安く仕入れていた。

そして、こうした会社と経営者にありがちな同族経営のワンマン体質だった。弟二人を専務と常務に据え、出版の営為をあくまで商売で割り切るつよさをもっていた。それ故、商売の勘は鋭かった。

ところが、創業者の卓越した経営戦略をもってしても「週刊大衆」の誌面は魅力あるものにはならなかった。編集長は実弟、副編集長を社の古株で占めるというトップの陣容と、大衆読み物雑誌の編集で育った面々では、週単位の事件を追いかけ、話題をあつめる編集作業は無理でもあった。

色川武大は「週刊大衆」創刊の頃は読書欄を一任されて、週数冊の本を読み力のこもった文字で、書評を書いていた。原稿はいつも遅かった。その一方で〝キャラメル雑誌〟のあちこちに、幾つかのペンネームでエンターテイメント的小説を書いていた。

……娯楽作家になろうと思ったわけではない。ばくち打ちが小料理屋をやるのと同じで、表面、定職のあるような恰好をしていただけである。

はじめて奴の原稿を読んだ虫喰が、ははは、と笑って、

『なんとか、恰好にはなってるじゃないか』

『当り前よ。ばくちにくらべりゃ、実業なんか屁のようなもんだ』

そんなことで、奴と虫喰は、まんざら競輪と麻雀だけの交際ではなくなった。雨の日など、虫喰の社のロビーで話しこむことがある。しかし、そうなっても、編集者とライターの間柄ではなかった。

虫喰自身を選手と見立てるばかりでなく、経営者や社員たちもそれぞれ選手だし、どうすれば生存競争に勝ち残れるか、それを推理する。競輪とちがって、こちらの方が推理しやすい。彼我の個性や実力の差がかなり大きいし、概念的な動きをする者が多かったから。


小説として描かれたこの部分を、そのままに解釈することはできないが、色川武大の双葉社とのつき合いの深さ、内情に精通した様子は、フィクションを通しても明らかになろう。

「週刊大衆」は、創刊後三年にして、血縁者以外の編集長に筆者を据え、誌面の刷新を図った。二十万部前後の低迷から、ようやく上昇の兆しを見せはじめたのはこの頃からで、新編集長となった筆者は、連載小説の強力化にかかった。

手はじめに藤原審爾のレズビアンの世界を描いた『赤い関係』、南条範夫の『月影兵庫

旅を行く』が、読者の反響を伝えてきた。大藪春彦の拳銃とカーを駆使したアクションものの〝掟〟シリーズが話題をよび、川上宗薫の〝好色〟シリーズが、毎週、エロチックな雰囲気を過不足なく満たして好評だった。取材記事にも力がついて、その相乗効果でようやく三十万部に近い実売部数になっていた。

一篇数回連載の「麻雀小説シリーズ」がはじまったのは、昭和四十三年の春だった。第一弾、佐野洋。第二弾、藤原審爾とつづいて、謎の作家、阿佐田哲也の『実録・雀豪列伝』が登場したのは、夏から秋にかけてだった。その麻雀小説は、薄汚い博打打ちの生活を描きながら、不思議と陰湿なうらぶれた感じはなく、一抹のロマンが漂っていた。作者の麻雀に対する造詣の深さと、修羅を生きてきた実感が、行間に濃密につまっている感じだった。軽い筆致ながら、アウトローの生きざまの心の襞《ひだ》までのぞかせる描写力が見事だった。

一読して、なみなみならぬ実力派作家と感じさせた。当然のように、

「阿佐田哲也とは何者か」

という疑問が、読者はもとより、編集者、同業の作家仲間から、澎湃《ほうはい》としておこった。しかし、謎をつきつめる前に、『実録・雀豪列伝』は、短篇で終わってしまった。

作者の輪郭がややおぼろげにわかってきたのは、昭和四十三（一九六八）年の年末に出た「週刊大衆」一月二日号だった。その号の「人物接点」に四頁にわたり「阿佐田哲也氏の雀豪的人生観　牌をつかんで死にペンを持って生き返った覆面作家」として、次のように紹介されていた。

「阿佐田哲也は、その正体を明かせば、知る人も多い、純文学の作家である。しかし、ここではそのことは避ける」と書いた後に、小学校六年生から鉄火場に足を入れ、麻雀打ち《バイニン》に生きた閲歴と、その生活からつかんだ人生観が、淡々と語られていた。

そして、次号からはじまる新連載小説『麻雀放浪記』について、「週刊大衆の担当編集者は『麻雀版・人生劇場』ということですがね……」と言い、登場人物は「結局……なにはともあれ努力をし、やさしさに欠ける男たちのハナシ、不幸な時代の不幸な男たちの物語、ということになるでしょう」と予告していた。

同じ号の連載予告には、阿佐田哲也の名で言葉をかえて次のように述べていた。

「ギャンブルの世界で生きるための、ただひとつの条件は、自分以外の何者をも信用しない強い決意である。一度でもこの決意が崩れると、罰として忽ち敗者の列に追いこまれてしまう。

この小説には、ジャングルの獣の日々の如き苛烈な日常を送る若者たちが多数登場する筈である。彼等をどのように評価するか、それは読者のご自由だが、それぞれ孤独な彼等のために、しばらくの間、その勝運を祈ってやっていただきたい」

『実録・雀豪列伝』を知る者には、作者のこの言葉少ない前口上に、ゾクゾクするほどの期待感をもった。

競輪の大穴が縁

色川武大は、麻雀で一時期、メシを食っていた。麻雀のウラ・オモテに精通しているのは当然で、その気になれば麻雀小説の類はおてのものに思われた。しかし、本人に言わせると、「存外に作り方はむずかしい」ものであった。

チャンバラなら、読者の誰もがチャンバラを自身でやるわけではない。だから、カッコよければかなり荒唐無稽でもなんとか読ませる。しかし麻雀はほとんどの人が実際にやるのである。矛盾がちょっとでもあると、すぐに目立つ。麻雀小説の読者の大部分は、麻雀マニアなので、精通している人の眼を楽しませ、面白がらせねばならない。これが非常にむずかしい。

双葉社から上梓した麻雀小説のアンソロジーのあとがきで、阿佐田哲也の評価が定まったのちに、このように記す作者だった。

この「非常にむずかしい」麻雀小説を、色川武大に書かせる手だては、さらにむずかしい紆余曲折が、双葉社の編集者と色川の間にはあった。

色川が、本名にしろ匿名にしろ、エンターテイメントの小説を書く場合、その当時は、まずその発表の場は双葉社と決まってはいたが、双葉社でも、いざペンを執るまでは、「怠け者で、小説を書くことに不熱心で……」と公言する色川武大を、その気にさせるための追い込みが必要だった。

どんな追い込みであったか。

しばらく、彼のエッセイより色川の言葉に耳を傾けてみよう。

「以前の売文時代の友人で、F社（注・双葉社）の柳橋君という編集者が居たが、ある日曜日、彼を含めた四、五人で大宮競輪に出かけた。ちょうど正月すぎで記念競輪をやっていた」

色川武大はこの日、柳橋と一緒に売場へ行って、人気のうすい吉田実という選手に注目し、吉田からの流し車券を買ったのだった。二人のカンは的中して、吉田は一着となった。三千円代の配当がつく大穴であった。正月早々の大穴に、色川はひどく御機嫌になった。同じ車券を買った柳橋は……と見ると、彼は大穴を当てたはずなのに浮かぬ顔をしていた。

「ヤナさん、どうしたの……」

親しい編集者仲間から「色さん」と呼ばれていた色川は、柳橋の浮かぬ顔を不審に思って、思いやるように聞きただした。血圧が高く、冬でも赭顔《あからがお》で鼻のアタマに汗を浮べている柳橋は、当惑したように、買う券をまちがえ、当り券を買っていないことを告白した。

私たちは大宮駅前の喫茶店で休みがてら、口々に柳橋君を慰めた。皆で麻雀をやって彼にトップをとらしてやろうかという提案も出たほどだ。

『ところでねえ』と彼がいった。『まだ何か書く気はおきない？　うちの雑誌にさ』柳橋君は私の生活を案じて、たびたびそんなことをいってくれるのだが、そのたびに私は彼の好意的註文をはぐらかしていた。

『麻雀に関する小説だよ。ずっと前から企画を立てているんだけど、新しい麻雀小説、きっと受けると思うんだけど、なかなか作者が居ないのさ』

『そのうちに書かして貰うよ。機嫌を直しなよ。なんでもいうことをきくからさ』

たわいのない会話だったが、その年の秋頃になって、麻雀小説の企画が具体化したとき、このときの言質をとられて、狩り出されてしまう。私にとっては吉田実に端を発する縁なのである。（中略）

最初は、一本だけの道楽芸のつもりだったのである。私は滅茶苦茶な筆名を又作り、その企画が終ったらそれでその名前も捨てるつもりだった。


滅茶苦茶なペンネームは、ヤナさんこと柳橋氏と色川の二人の話し合いで決めたのだった。ちょうど徹夜麻雀をして帰宅した朝だったので、

「めんどくせえ、朝だ夜明けだ、にするか」

「ゴロが悪いね」

「じゃあ、朝だ徹夜にしちゃおう」

日本のギャンブル小説界に、不滅の作品を残す阿佐田哲也は、こんなフザケた会話の中

から命名されていったのだった。

色川は、競輪を追って全国を旅行している折、名の知られた官幣大社にはお参りはせず、鄙《ひな》びた田舎の忘れ去られたような氏神様を参拝する習しがあった。

理由は、大きな神社は何十万、何百万人といった善男善女に、運を分け与えているから幸運は微小となっている。ところが、目だたない氏神や、辺鄙《へんぴ》な地の産土神《うぶすながみ》は、参詣人が少ないから運を沢山めぐんでくれる……という考えからだった。

その動機はどのようであれ、新しいジャンルの開拓者・阿佐田哲也を、一作にして消してしまうテはなかった。編集部はあげて、阿佐田哲也こと色川武大に、次の麻雀小説をすすめた。純文学志向が強く、生活のためにエンターテイメントに筆を染めることを、潔しとしない色川を攻略するには、かなりの時間が必要だった。彼は、芥川賞か直木賞をいずれの日にか掌中に……の夢を抱いていたのだろう。色川武大の実力からして、それは夢ではなかった。

落ちこぼれ、無頼人間を喧伝し、無学を標榜しながら、彼は二十代の初期から自らの文学の才に恃《たの》むところはないとは言えなかった。筆者と飲んだときなどに、色川の巧みな韜晦は、ほんの一瞬崩れることがあった。そんなとき、彼は、「塩さん、自分のことだけを考えていればいいんだよ。会社のことなんかどうだっていいんだ」と、チラリと本音を洩らすことがあった。大衆雑誌社で編集長となり、部数の増減に一喜一憂する筆者など、大きな志を秘める色川から見ると、とるに足らぬ愚か者に見えただろう。

さて、色川武大は、根負けした形で「週刊大衆」に『麻雀放浪記』を連載する約束をするが、その前提条件として、阿佐田哲也の実名は当分、口外しない。双葉社以外の他誌には、その名前で麻雀小説は書かないという取り決めを、どちらかともなく行った。

昭和四十四（一九六九）年一月九日号から、『麻雀放浪記』は「週刊大衆」誌上に登場した。秋野卓美の挿絵が、やわらかい雰囲気を添えていた。「チンチロ部落」が第一回だった。

もはやお忘れであろう。或いは、ごくありきたりの常識としてしかご存知ない方も多かろう。が、試みに東京の舗装道路を、どこといわずに掘ってみれば、確実に、ドス黒い焼土がすぐさま現われてくる筈である。

つい二十年あまり前、東京が見渡す限りの焼野原と化したことがあった。当時、上野の山に立って東を見ると、国際劇場がありありと見えたし、南を見れば都心のビル街の外郭が手にとるように望めた。つまり、その間にほとんど建物がなかったのだ。

人々は、地面と同じように丸裸だった。食う物も着る物も、住む所もない。にもかかわらず、ぎらぎらと照りつける太陽の下を、誰彼なしに実によく出歩いた。

よくこなれたナイーブな文体だった。読む者をスーッと文中に引き入れていく。阿佐田哲也の小説は、「週刊大衆」に登場したそれまでの、どの小説よりも読者に受け入れられていることが、確実な手ごたえを伴って返ってきた。「小説が圧倒的な力を発揮するには、新しいヒーローの設定がうまくできるかどうかにかかっている」とは、「週刊新潮」の野平健一の言葉だが、『麻雀放浪記』は、見事にこの言葉を裏づけていた。

「週刊大衆」が、懸案だった三十万部の壁を越えたのも、この小説の連載がはじまってからだった。読者層も、ブルー・カラーから、ホワイト・カラーに変わっていく様がわかった。亡国遊戯といわれた麻雀が、ようやく市民権を得る時期と重なったことも幸運だった。麻雀クラブに出入りしても、遊び人とは見られなくなっていたし、まして、麻雀小説を読んでいても、奇異な眼で見られない。むしろその面白さを口コミで聞いて、掲載誌を買う時代となっていた。

阿佐田哲也の担当に、何人かの編集者の交替があって、三浦宏之が付いたのもよかった。早稲田大学の〝麻雀学部〟を卒業したと自称するプロ雀士をもしのぐ麻雀の熟達者は、ギャンブラーの心理をよく読みとり、有名な遅筆家の阿佐田哲也をあやし、励まし、創作意欲をかきたててやまなかった。

しかも、ナルコレプシーという奇病にとりつかれて麻雀、執筆の途中でも眠ってしまい、覚めているとみえても、現実と夢の世界を往来している病人を、週一回の締切りに間に合わせることは、特殊なテクニックが必要だった。三浦はその役割を見事に果したのである。

戦後最高の大衆文学

阿佐田哲也（左端）と畑正憲（右端）。後列右端は著者。

阿佐田哲也の『麻雀放浪記』は、「活字になりはじめると、単なる娯楽小説には過分と思えるほどの読者の御声援があった……」と作者に言わせるほどの、大きな反響をよんだ。「日本にはあまり育っていない一種のピカレスク（悪漢小説）にしてみたいと思ったが、正直のところ、自信はなかった。連載途中でもまだ迷っていた」という阿佐田哲也の迷いを捨てさせたばかりか、「麻雀を道具にすると普通ならハジかれそうな事柄が、スッと楽に話し合えるということを発見した。これがずいぶん励みになった」と語らせるほどに、作者に自信を与え、小説作法の新しい発見にもつながった。

好評は好評をよんで「青春編」につづく第二部「風雲編」、第三部「激闘編」、第四部「番外編」とつづいて、新書版になるや双葉社の一大ロングセラーになった。面白いから売れに売れるのは当然だったが、小説としての評価も高く、それは名うての小説読み吉行淳之介の次の言葉にシンボライズされていた。

「これだけの面白い悪漢小説・教養小説（？）には、めったに出会えるものではない」

また、畑正憲は「これは、戦後の大衆文学の最大の収穫だと言ってよかろう」と激賞した。

『麻雀放浪記』が話題になりはじめた頃、牌は「パイパン」以外は皆目わからない野暮天の筆者が、麻雀遊びにおくればせの入門を、ほのめかしたことがあった。

するとは阿佐田は、おだやかな表情ながら、二重瞼の大きな眼で私の眼をのぞき込むようにして、

「塩さん、こんな遊びをいまから覚えることはないですよ。あんたは賭けごとをやらない

から、運を小出しに使わない。だから、いい運を持っているんですよ」

と、ユニークな運勢観をもちだして、カンの悪い男の入門を、やんわりたしなめてくれた。

彼がその時に言った「こんな遊び」の口吻《こうふん》には、なぜか唾棄するような侮蔑のひびきがあった。

読者が声援し、評者が阿佐田哲也の実力をこれほどまでに認めてしまうと、生殺与奪の権を握る〝親権者〟色川武大も、どうすることもできなくなった。小説の主人公が一人歩きをはじめたように、一回こっきりと考えた道楽息子は〝親権者〟の思惑をよそに、堂々と歩きまわって、純文学に呻吟する寡作家の色川武大を、扶養するまでになってしまったのだ。

「人生というやつは一寸先がわからない……私は麻雀小説で飯を喰おうなどとは夢にも思わなかった」

と、純文学志向の色川武大の〝慨嘆〟に近い言葉も、虚像阿佐田哲也の前では、よろこびに近いそれに聞こえてくるのだった。

一寸先もわからぬ人生に、「もしも……」の言葉は許されないが、大宮競輪場で、もしも柳橋史が大穴の車券を買いまちがえなかったら色川武大の生活は、その時とはちがった方向にいっていたことは想像に難くない。色川はその問いに、

「乞食になっていたろうよ。しかし、乞食も悪くないからなァ」

と、つぶやくように答える、人を喰った面があった。乞食とは人聞きの悪いアイロニー

だったが、色川武大の十代後半から二十代初めにかけてを知る人は、まんざら冗談とも思えなかった。

私は、敗戦の五、六年ほど、特に烈しく、グレていたことがある。

グレていた、と折り折りに文章に記してきた。けれども多くの場合、そういう一行で片づけてしまって、その内容をあまり記そうとしない。そうでない場合も、部分をチラリと出すにとどめるか、あるいは虚構にする。

それは、混沌とした時期で、一言にいいつくしがたいということもあるが、主として絵にならないほど、恰好のつかない日々だったからである。

グレるということは、つまりは、あさはかなことだと見られがちであり、事実そういう要素がたっぷりあるのだが、本グレということになると、これでなかなか軽々しい日々ではない。(『花のさかりは地下道で』)

色川武大は、この時代を作品の養分として後年に虚構の世界に実らせるのだが、人からみたら、ドロップ・アウトの極みと思われる生活の中で、「私は自分も将来、できたら自分流の小説を書きたいと思っていたけれど、どうしても形にならないでいた。……私の友人の文学青年の誰彼とくらべてみると、テーマを基に小説を造っていくタイプは、出来の良し悪しはべつにして、わりに形になりやすい。その反対に、イマジネーションを基にして小説を造るタイプは、彫心鏤骨《ちょうしんるこつ》してなお寡作の者が多い。イマジネーションというのはいかに工夫しても完全に文字にしがたいのであろう」と、ペン先にイマジネーションが結晶しない苦しみに、苦衷の日々を過ごしていたのだった。

『黒い布』受賞以後、色川武大が久しく沈黙を守り、分身の阿佐田哲也のみが華やかな活躍をしていたのも、色川の考える「プロ作家に伍していける仕事」ができないからだった。

彼は、新人賞を受賞し、高い評価をされても、「それで小説書きの平均点に達したと思ったら、プロに負ける」と、かたくなに信じていた。プロ作家だったら、一ヵ月か二ヵ月で書ける小説を、色川は気の遠くなるほどの時間をかけて、それこそ骨をけずるほどの苦労をしないことには、太刀打ちできる作品は書けないと、自らに言い聞かせていたのだ。

色川武大は、沈黙の時代を含めて、自らの身辺を語る時には、度々引用しているように、好んでドロップ・アウトの生活を述べていた。

それが習い性となって、はたでは実生活で重ねて見てしまっていたが、色川と親しい交わりのあった作家や評論家の中には、果して本当に、あんな修羅場に身を沈めていたのかと疑問視する向もあった。

母親の色川あきがその一人だった。彼女は息子の小説を読んで「よくまあこんなことが書いてあると思うほど、本当の姿とは違う、ウソっぱちばっかりでございましてねぇ」と、驚くべき証言をしていた。

色川と同世代の文芸評論家の秋山駿は、一歳上の彼の世間の裏から裏へと辿る生き方に、最初は疑問の念を持った。が、本名で書いた『遠景雀復活』を読んで、「ああこういう人だったのかと発見の思いがあった」と述べた上で、その理由を次のように綴っていた。

「極度に内向的な、たいへん繊細な心を抱いている人だった。そして、その繊細さを、自分の生の傷として考えるようなタイプの人だった。いや、氏が考えたのではなく、時代の現実によって考えさせられた、というのが本当だろう」

秋山駿は、一見乱暴な生き方を選んだ色川武大の繊細さの中央に居坐《いすわ》っているのが、芸術であると分析した上で、

「氏は作家だが、小説制作がずいぶんと困難だったろう、苦しんだろう、と私は思う。氏の抱いているような芸術的繊細さは、ふつうの小説の形とは上手く調和しないのである」

と書いていた。

色川武大再登場す

色川武大が『怪しい来客簿』でふたたび作家の真価を問うたのは、『黒い布』から十年の後であった。

矢崎泰久の「話の特集」に、一年数ヵ月にわたって連載した短篇集で、一篇一篇の登場人物は、常識人の世界からはみ出した連中だった。たとえば、サバ折りを得意手として国技館をわかした、巨漢力士の出羽ケ嶽の文ちゃんとか、昭和の初期、浅草で活躍した二村

定一の哀しい末路。鈍足、弱肩のモタモタ守備のプロ野球選手・木暮力三。あるいは、色川の生家近くの神楽坂に戦時中出没した余市っぁんだの山岡のおばさんといった奇妙な人物たち……。

「……外見や精神内容が人間の枠からはみ出した連中を作者は好んで書くが、その人たちは常に一枚の鏡をもっていて、作者の姿を映し出している。作者と対象とが綯《な》いまぜになって、きわめてリアルだが幻想的でもある世界が現われてくる。作中人物は人間という土壌から宙に浮き上がっていないどころか、煮えたぎってゆっくり起伏する粘った泥の海を見るようだ」

吉行淳之介は、『怪しい来客簿』を評してこのように述べた。「常に一枚の鏡をもっていて、作者の姿を映し出している……」云々の評は、色川武大の創作の方法をついた、おそろしいばかりに見事な表現だった。色川は中公新人賞の『黒い布』以来、描く対象に自分の姿を映し出し、その対象を描くとみせて自分を描いているところがあった。

色川武大にとって、海軍の高官だった父親は、(自分の生を考えるときに)鏡の役割を果たしていた。父と子の関係は、一本の縦の線で過去から未来へとつづく線ではなく、生の繰り返しと色川には考えられたのだ。だから、父親の生きざまは、自分の生き方を見ることでもあった。デフォルメはされているが、自分を描くのに父親の姿を書くような形になるのが、色川の小説作法だった。

土台から造形した人物とちがって、実際のそれも血のつながる父親を描くとすると、どんなにデフォルメをこころみても、書けない部分があった。その部分をはずしてしまうとリアリティに不自然さが出てしまうのだった。

色川は『黒い布』で描ききれなかった部分を、いつの日にか書ききることで、色川文学のケリをつけたい想いがあった。しかし、それには対象を見つめ、発酵のための時間が必要だった。阿佐田哲也は、その間を埋めてエンターテイメントの作品を書きつづけていたわけである。

『黒い布』から十余年の沈黙を破って、色川武大の名前による『怪しい来客簿』を書いたのちも、彼はこれ一作で、また沈黙の殻の中に閉じこもるつもりだった。

これは世間流にいうと私のはじめての創作集である。はじめて小説らしきものを記したのは中学生の時だから、考えてみると、三十年の余、小説を書き記そうと思っていたことになるが、中学生のときから数えて短いものを五つ六つ、或いは七つ八つ書き記したかどうか。その間、一度も努力はしなかった。たまさか声をかけてくださる方のご厚意も恐縮しながら裏切った。私は自然で、人より優れたものを持たないかわり、放っておいても大まちがいはしない。私のような男は、一生の間で一番いい条件のとき、たとえばひどく不幸になるとかしたときに事をかまえるほかない。それ以外の方法では人に伍するものは書き記せない。

それがどういうわけか、矢崎泰久さんの『話の特集』からも話があって、十年ぶりに本名を使う気になった。毎月、雑事のあいまに小品をあたふたと記した。一年余で、三十余年のトータルよりも多い量が記せるというところが我ながら信用できない。これはアマチュアの作法ではない。致命的に悪いものは書かないといってもそれは気ままにしている限りの話であって、そのうえ、人前に出すには磨きをかける必要がある。このゲラも、もう十年ほど手もとにおいて眺め暮していたい気がする。そうしなかったのは、大病をしてあせりが生じたせいであろうか。しかし、もちろん、あせったところで道は開けない。かりに三百年生きるとして、三十年に一本ぐらいずつが私のペースであるから、気ままにのん気にしている限り、もう五つ六つ書き記せるかもしれない。途中で死ねば不運とあきらめる。（『怪しい来客簿』あとがき）

いささか長い引用にすぎたが、これは色川武大の『怪しい来客簿』を一冊の本にまとめたときのホンネであった。

色川自身「三十年に一本ぐらいが私のペース」と考え、気ままにのん気な処世術を通そうにも、マスコミ界は、このすぐれた〝遅れて来た新人〟の再スタートを、黙視しなかった。処女短篇集『怪しい来客簿』は、第五回の泉鏡花賞に輝いたほか、色川武大の名で発表した『離婚』で「天から降ってきたように」（色川談）第七十九回直木賞を受賞。さらに、私小説的な『生家へ』などの一連の小説で、異様なリアリティ漂う世界を描く特異な作家の地位を確立した。

稼ぎでは阿佐田哲也に及ばない色川武大だったが、作品の資質の面では、きわめて高い評価を得る仕事を世に問いつづけた。はたでみるかぎり、阿佐田哲也といい、色川武大といい、堂々たるプロ作家であった。しかし、色川は、世の評価にうなずく気持ちはなかった。「小説書きの垢はなるべくつけたくない。なんであれ、定職みたいな、コンスタントな仕事で余裕をもったら最後だ。僕はいつもヨロヨロして生きていきたい……」

この考え方に立つと、色川武大も阿佐田哲也も、いささか書きすぎているきらいがあった。五十の年齢を越えていたが、子供をもたない色川の精神構造は「十代の頃から育っていない」未熟さがあった。軍人という厳密な階級社会に、前半生を生きた父親は、上から下への命令によって、世の中はすべてが動くものと確信し、戦後も生きつづけてきたのだ。

色川は、この父親に深いいたわりの念と、厳しい作家の眼を当て、その父親の姿に自らの明日を想い描くべく、ライフ・ワークの構想を練りはじめ『黒い布』の続編ともいうべき『百』で昭和五十六（一九八一）年に川端康成文学賞を受賞した。

『麻雀放浪記』は昭和五十九年十月、監督・和田誠によって映画化され大当りをとった。同六十二年「海燕」に連載した『狂人日記』によって、平成元年読売文学賞を受賞したが、転居癖が高じて、岩手県一関市へ移って心臓発作で倒れ、緊急入院先の宮城県立瀬峰病院で心臓破裂により急逝した。六十歳だった。

（平成21年「ベストセラー作家 その運命を決めた一冊」北辰堂出版）

文士・文豪の笑える話

大宅壮一の面白ばなし

文士・文豪にまつわる面白い話は、掃いて捨てるほどある。虚実いりまじった話で、腹をかかえて笑えるものから、信じ難いたぐいまで、その幅と落差は大きい。

長男歩の集団疎開地だったことから、飯田にことのほか親愛感を持っていた毒舌評論家の大宅壮一は、著名人に関する訛伝、伝説のたぐいには、ある程度の〝真実〟があると記してくれたことがある。

大宅壮一の面白ばなしに、次のようなものがあった。

大正末期、東京の中央線沿線に大宅と隣り合わせに住んでいたのが、後年のノーベル文学賞作家川端康成だった。川端は、大阪近郊の茨木中学同窓のよしみで、大宅家に米だの味噌、醤油とよく借りに来ていた。

機知と造語の名手は、その川端康成に、

「よく女房を貸せと言わないね」

と、からかったという。

その大宅壮一にして、当時は貧乏暮らしをしていて、年末に借金取りが押しかけて来たとき、長男歩をひっくり返して、

「さあ、成金だ！　持って帰ってくれ！」

と言ったとか。

将棋で、「歩」が敵陣に入ると、ひっくり返って金将の資格になる駒のルールに、長男の名前をひっかけた伝説だった。

彼は、東大在学中から売文業に入り、すざましい勢いで雑文を書き飛ばしたそうだが、反古《ほご》にした原稿用紙は一枚もなかったという。その理由は、例えば共産主義についての原稿注文を受けると「賛成意見かね、反対意見かね」と聞き、賛成の注文ならその意向に沿った原稿を書いていく。ところが、うっかりして反対意見に傾いたことを書いていたことに気づくと、「──といった意見もある。一方と…」文意をスイッチしたのだとか。

『「無思想人」宣言』の著者にして、融通無碍《ゆうづうむげ》のこんな執筆ができたのかも知れない。

大宅壮一（右）と著者。

流石《さすが》に漱石《そうせき》！

〝文豪〟を看板にかかげている以上、文字通りの世界の文豪ゲーテや、日本の夏目漱石などの話がないことには、おさまりがつかない。

日本語表記にすると、ギョエテ、ゲョエテ、ゲーテなど、三十種にものぼる大文豪については、豊富な恋愛遍歴と、最後の言葉を紹介しておいた。

ゲーテの最後の言葉「もっと光りを」伝説は、森鴎外の『ギョオテ伝』に原因があって、彼の死が迫った時、家隷に「窓をも一つ明けてくれ。明かりがもつと這入《はい》るように…」だった。この「明かり」が「光り」になったとか。

夏目漱石の本名は金之助で、およそ文豪にふさわしからざるキンキラキンの俗っぽさだが、「漱石」のペンネームは、中国の晋の国の孫楚にあやかっていた。

孫楚が若い頃、前途に望みを失い、老名士の門をたたいて、「不肖私、この世を捨てて、漱石枕流の生活を送りとうゴザリマス」と言ってしまったという。漱石枕流とは「流れに枕して石で口を漱《そそ》ぐ」という意味である。

相談を受けた老名士は、「お前の言わんとするのは、枕石漱流であろう」と間違いをただすと、へそ曲がりの軽才子は、「いや、流れに枕をするのは身を洗うためであり、石で漱ぐのは歯をみがくためでアリマス」と、言った由。

夏目金之助は、中国のこの故事から、筆名を「漱石」としたのだった。

ところが、彼もまた一筋縄ではいかない人物だった。明治三十六、七年頃、東京帝国大学英文科の講師をしていた頃、講義を受ける学生の中に、いつも懐手《ふところで》をしている者がいた。漱石は、ある授業の折、その非礼をなじり、「君、ふところから手を出したらどうか」ときびしい口調で注意をした。

なじられた学生は、一瞬、ばつが悪い顔をして、「いいえ、先生、私は片手がないのです」と、障害のある旨を告げたのだった。

学生のその言葉に、今度は漱石が苦境に立たされるめぐり合わせになった。が、その筆名が象徴する文豪は、「わたしだって、ない知識を出して、君たちを教えているのだ。君も、ない腕を出したまえ」と、流石のユーモアで切り返し、その場を切り抜けたと伝えられる。

東野圭吾のユーモア

最後に、いまや書くものすべてがベストセラーになるという人気作家・東野圭吾についてひとつ。彼の著書『あの頃ぼくらはアホでした』に次のような話が載っている。

高校に入学後に、長姉が一冊のハードカバー本を持って帰ってきた。小峰元が江戸川乱歩賞を受賞した『アルキメデスは手を汚さない』という長いタイトルの推理小説だった。だが当時の僕は、江戸川乱歩という名前さえ全く知らなかった。そこで長姉に聞いてみた。彼女は自信たっぷりに答えた。

「推理小説を広めた帰化人で、本名はエドガー・アラン・ポーや」

ふうんそうかと、僕は感心して頷いた。救いがたいアホ姉弟である。

（平成21年「文豪おもしろ豆事典」北辰堂出版）

塩澤実信（しおざわ みのぶ）
昭和5年、長野県生まれ。双葉社取締役編集局長をへて、東京大学新聞研究所講師等を歴任。日本ペンクラブ名誉会員。元日本レコード大賞審査員。主な著書に「雑誌記者池島信平」（文藝春秋）、「ベストセラーの光と闇」（グリーンアロー出版社）、「動物と話せる男」（理論社）、「出版社大全」（論創社）、「ベストセラー作家 その運命を決めた一冊」「出版界おもしろ豆事典」「昭和歌謡 100 名曲 part.1 ～ 5」「昭和の歌手 100 列伝 part1 ～ 3」「昭和平成大相撲名力士 100 列伝」「不滅の昭和歌謡」（以上北辰堂出版）、「昭和の流行歌物語」「昭和の戦時歌謡物語」「昭和のヒット歌謡物語」「この一曲に賭けた 100 人の歌手」「出版街放浪記」「わが人生の交遊録」「話題の本 250 冊」「古関裕而・珠玉の 30 曲」「あの頃、雑誌は輝いていた！」「ふるさと遙か 私の伊那谷物語」「東京うた物語」（以上展望社）ほか多数。

あの人 この人 思い出の記

令和3年5月19日発行
著者 / 塩澤実信
発行者 / 唐澤明義
発行 / 株式会社展望社
〒 112-0002 東京都文京区小石川3‐1‐7エコービル 202
TEL:03-3814-1997 FAX:03-3814-3063
http://tembo-books.jp
印刷製本 / モリモト印刷株式会社

ISBN 978-4-88546-399-0 定価はカバーに表記